Réalités Françaises

Réalités Françaises

Reading for Skill Development and Cultural Awareness

JOSEPH A. MURPHY
West Virginia University

Heinle & Heinle Publishers, Inc.   Boston, Massachusetts   02210

Cover and text design: David Ford
Illustrations: David White
Production Editor: Elinor Y. Chamas

Photo Credits

Cover Photo: Mark Antman/Stock, Boston
Beryl Goldberg: 1, 8, 48, 61, 62, 115, 127, 149, 158, 160, 167, 207 (*bottom right*), 231; Ulrike Welsch: 6, 76, 109, 122, 134, 207 (*top left*), 207 (*top right*); Alain Mingam: 19, 21; Susan Lapides: 22; Mikki Ansin: 39, 94, 207 (*bottom left*); Stuart Cohen/Stock, Boston: 53; David J. Kupferschmid: 54; Foto du Monde/The Picture Cube: 69; Will McIntyre/Photo Researchers, Inc.: 85; Mark Antman/ Stock, Boston: 101, 174; Simone Oudot: 133, 221; Cary Wolinsky/Stock, Boston: 141; Owen Franken/Stock, Boston: 143; Peter Menzel: 150; Jean Pottier/Rapho/Kay Reese & Associates: 165; National Park Service: 181, 183; Latham/Monkmeyer Press Photo Service: 185; Rogers/ Monkmeyer Press Photo Service: 191; Pierre Berger/Photo Researchers, Inc.: 209; Roger Coster/ Monkmeyer Press Photo Service: 215; World Wide Photos: 216; Stock, Boston: 223; Joseph A. Murphy: 243; George E. Jones/Photo Researchers, Inc.: 244; West Virginia University: 246

ISBN 0-8384-1157-6
10 9 8 7 6 5 4 3 2 1

Preface

RÉALITÉS FRANÇAISES is a book with an uncommon purpose: to introduce French culture while implementing a *systematic reading-skill program* in French. Students at the intermediate college level are eager to learn about the French people, their customs, beliefs, values, and material environment. If asked for ideas on course objectives, students will invariably give high priority to these matters. Yet traditional cultural readers have often contained readings that are too difficult, dull, or irrelevant to hold their interest. In an attempt to regain students' enthusiasm, some texts have been simplified, with limits set by a word list such as *Le Français Fondamental*, and with a significant increase in pictorial content. There is nothing wrong with these measures. Yet neither, by itself, reaches the root of the problem: *students have not been taught how to read*. Within the space limitations of any reader, this text acts directly on that core problem, using timely and thought-provoking cultural materials.

THE READING PROGRAM

Réalités Françaises is made up of chapters called *cadres*, each consisting of a reading or readings which illustrate different facets of a theme. Each disseminates information and insights, while incorporating specific problems for reading comprehension and word study. The readings are treated as *documents for study*. This means that each passage not only embodies cultural insights, but is also a fit subject for vocabulary development and critical reading practice. Perhaps the most important fact about this reading program is that *some words are not glossed at all*. In order for students to cope with authentic reading materials directly, they must be weaned early from apparently complete but deceptive word lists that do not really tell what a passage means. In most cases, the meaning of a word is best learned in context and not by memorizing a list of isolated translations.

The *cadres* may be viewed as windows onto French life, although they do not, either separately or collectively, pretend to paint a comprehensive picture of any theme. They were selected because they provide interesting information about contemporary France and the Francophone world and because they have a high density of basic words, many of which form the basis for extensive vocabulary exercises. While some of the readings span traditional French thought through proverbs, wit, rules of behavior, reactions to American culture and so forth, many depict French people in the grip of such contemporary realities as crime, unemployment, and changing family styles. This supports the belief that culture materials should reflect similarities, as well as differences, within the human family. The readings were also chosen to show a cross-section of the moods and humors of the French people. As such, they range from the serious to the absurd, for French life, too, runs the gamut.

THE CADRE

In each *cadre* students confront one or more documents relating to a theme. The *cadres* provide the minimum assistance required for comprehension, for reading is essentially a *problem-solving activity*. Margin glosses, in French as often as possible, are provided for essential structure words and unusual vocabulary. Cognates and near-cognates are deliberately not glossed, nor are non-essential words that do not impede comprehension of main ideas. Teacher cooperation is vital in guiding students to learn *from experience* that it is possible to read—and to read well—without knowing every word.

Reading comprehension of each document is tested through a set of varied exercises called *Vérifications*. Multiple-choice and true-false questions are the most familiar of the devices used to test comprehension, but they are not used exclusively. All the activities are designed to focus students' efforts on identifying main ideas, recognizing supporting details, and evaluating information.

Réalités Françaises is based on a definite philosophy of vocabulary acquisition. Truly liberated reading is achieved only when the student has mastered essential "word-attack" skills. Familiarity with structure words, correct pronunciation, the use of cognates, an understanding of word families and word derivations—all these and more are emphasized in the vocabulary exercises that follow the comprehension questions for each reading. Because of the mental effort required of students in these sections, they are termed *Défis*. Students are asked to discover the meaning of a word with a judicious mixture of reasoning and guessing, then to demonstrate their understanding by putting the word into a correct context, by choosing synonyms, antonyms, definitions and paraphrases, by using it actively, and, occasionally, by relating it to an English equivalent.

A section entitled *Structures* completes the students' investigation of each document within a *cadre*. Model sentences and phrases taken from the text are used to illustrate the grammar structures briefly reviewed and explained in this section. *Réactions et créations (À discuter ou à écrire)* appears at the end of each cadre, providing students with an opportunity to express their opinions on the subjects presented in the readings. Debates, essays, and role-plays are some of the suggested ways of reacting to the topics under this heading.

All important vocabulary words, with the exception of the non-glossed problem-solving words, appear in the *Lexique* at the end of each document for study. And *all* the essential words are listed in the final *Lexique* at the end of the book. Despite the availability of this reference source, students should be encouraged as much as possible to refrain from using a dictionary at the first encounter with an unknown word. The aim of this book, *to make students think*, will have been largely achieved if students develop a positive attitude toward unfamiliar words and a problem-solving approach to understanding their meaning.

Acknowledgements

To God, who inspired it all——

To my wife, Mary, who encouraged me——

To Robert Terry, University of Richmond, for his friendship, suggestions, and permission to use certain grammatical explanations.

To the other friends who helped in so many ways:

À Max Berthomieu-Lamer, mon meilleur ami, et à sa femme, Huguette, qui m'a appris à trouver des truffles.

À Jean et Joëlle d'Espalungue, bons Lyonnais et bons parents.

À Jacques et Béatrice Lévy, qui m'ont accueilli si chaleureusement pendant mes recherches à Paris.

À la bonne famille Coroënne, qui m'a beaucoup aidé en Belgique.

À mon collègue, Jean-Pierre Ponchie, qui se mettait toujours à ma disposition.

Aux assistants français qui ont contribué des critiques et, surtout, à Viviane Vilain, Christine David, Marie-Paule Thayamballi, et Monique Pipolo.

À Ruth Valentini du *Nouvel Observateur*, qui a interprété certaines expressions.

À Martine Jore de l'Ambassade de France, qui m'a aidé à gagner accès à la Bibliothèque Nationale à Paris.

To the professors who contributed their ideas in reviews of the manuscript: Kathy Heilenman, (Northwestern U.), June Phillips (Indiana U. of Penn.), Virginia Hules (Wellesley College), Emese Soos (Tufts U.), James Flagg (Boston College).

Finally, to Charles H. Heinle, who suggested such a work, and to Stanley J. Galek, Kathleen A. Dunn, and Elinor Y. Chamas of Heinle & Heinle Publishers, Inc., whose help and good humor have made this a most enjoyable project.

Table des Matières

Cadre 1

Le Savoir-vivre

Le langage nous permet de communiquer les uns avec les autres.

DITES-LE AVEC DES FLEURS introduces a cultural concept that has no exact equivalent in English. The three selections were chosen from a book of etiquette rules which, if learned and applied, would make life more agreeable in any society. Yet they also express such distinctly French values as moderation in language, the need to be an active conversationalist, the relativity of language usage, and, above all, the desirability of pleasant relations within a family.

Dites-le avec des fleurs

«L'amabilité arrange bien des choses.» (Proverbe)

Une attitude calme et souriante change fondamentalement la nature des rapports humains. Les Américains, dont l'amabilité est proverbiale, s'entraînent à sourire en descendant l'escalier, en parlant, et essaient de rendre plaisants aux autres les mille gestes de la vie quotidienne.° Disons d'emblée que cela atteint rapidement la limite du ridicule. Mais tout n'est pas à rejeter dans cette attitude, tant il est vrai qu'un peu de gaieté facilite la vie. — de tous les jours

Il est souvent plus facile d'être aimable avec les étrangers qu'avec son entourage immédiat. Pourtant° c'est d'abord envers ses proches que l'on doit garder son calme. Pas de crise d'hystérie, madame, parce que le petit écrit sur le mur avec du cirage, et vous, monsieur, si vous attendez votre femme cinq minutes, expliquez-lui posément° que votre temps est précieux (sans ajouter nécessairement qu'il est plus précieux que le sien), ou partez si les délais acceptables sont dépassés. Mais partez calmement... — Mais / doucement

Extrait et adapté du *Savoir-Vivre*
Éditions Denoël

VÉRIFICATIONS

A. Trouvez la phrase dans la lecture qui correspond à cette image:

B. Voici des résumés possibles du deuxième paragraphe. Choisissez-en le plus approprié et expliquez votre choix.

1. Il est facile d'être aimable avec les membres de la famille.
2. Il faut avoir de la patience avec les enfants.
3. Un homme ne doit pas critiquer sa femme.
4. Il faut être calme, surtout avec la famille.

C. Choisissez la réponse qui caractérise l'attitude de l'auteur envers les Américains.

1. En général, les Américains ont raison d'être si aimables.
2. En général, les Américains ont tort d'être si aimables.
3. Les Américains sont toujours ridicules.

D. Quelle justification peut-on donner pour l'attitude américaine, selon le texte?

DÉFIS

A. Vous ne connaissez peut-être pas le mot *s'entraînent* mais vous savez que c'est un verbe pronominal *(reflexive)*. Quel mot anglais se trouve à l'intérieur de ce mot? En pensant à cela et au contexte du mot, complétez la phrase suivante: Dans le passage cité, *s'entraînent* veut dire:

1. prennent leur temps.   3. n'aiment pas.
2. apprennent.   4. étudient.

B. Vous ne connaissez pas le mot *d'emblée* non plus, mais vous comprenez la phrase dans laquelle il se trouve. Devinez le meilleur synonyme de ce mot.

1. au début   3. souvent
2. bientôt   4. toujours

C. Le mot *amabilité* se trouve dans la proverbe et la lecture. Trouvez un autre mot de la même famille lexicale dans la lecture. Ensuite, décidez quel verbe est à la base de cette famille.

D. Le suffixe *-ment* est une terminaison adverbiale qui correspond à *-ly* en anglais. Trouvez dans la lecture tous les mots qui se terminent en *-ment* et donnez l'adjectif correspondant.

E. Trouvez dans la lecture tous les mots dont le son final rime avec *-ment*. Est-ce que ces mots-là sont des (1) noms (2) verbes (3) adjectifs (4) adverbes?

F. Il est probable que *cirage* est:

1. quelque chose à manger.   3. quelque chose qui est difficile à effacer.
2. une brosse.   4. un outil.

STRUCTURES

L'IMPÉRATIF

A. **Conseils.** Give the following advice to another student. Repeat the advice and add a logical follow-up sentence. For example, "Pensez positivement. Vous serez heureux."

1. Pensez positivement.
2. Parlez calmement.
3. Gardez votre calme.
4. Expliquez-vous clairement.
5. Soyez aimable.
6. Et avant tout, souriez!

B. **Avis.** Tell someone *not* to do the following things under the given circumstances.

> MODÈLE: parler en classe
> *Ne parlez pas en classe.*

1. se plaindre quand il fait chaud.
2. partir quand on attend un(e) ami(e).
3. parler quand on est irrité.
4. critiquer un professeur après un examen difficile.

C. **Conseils et avis personnels.** Make your own list of "Do's" and "Don'ts" required by "le savoir-vivre." Read them to the class.

Prononciation

A. Répétez les mots suivants:

1. an—en—ancien—enfant
2. ample—ampoule—employer—embrasser
3. boulanger—commencer—janvier—prendre
4. lampe—semble—campagne—décembre
5. dans—grand—moment—vent
6. printemps—champs—temps—Adam
7. il vend—il sent—il rend—il ment
8. ils en vendent—sans enfants

Les listes précédentes illustrent les contextes les plus courants du son /ã/. On trouve ce son, donc, en position (1) initiale (<u>en</u>fant; <u>em</u>ployer), (2) médiane (déc<u>em</u>bre), et (3) finale (mom<u>ent</u>).

B. Complétez à l'aide des mots du premier exercice.

1. À cinq ans on est toujours _____ .
2. C'est le _____ qui fait le pain.
3. Le _____ est ma saison préférée.
4. Elle habite à la _____ .
5. As-tu le _____ de lire ceci?
6. Elle se _____ malade.
7. C'est un _____ livre.
8. Il s'appelle _____ .
9. Un _____ , s'il vous plaît.
10. Je dis la vérité, lui, il _____ .

C. Prenez cinq mots de cette même liste et, pour chaque mot, pensez à un mot associé (de préférence, tiré de la liste). Ensuite, joignez les mots dans une phrase complète.

> MODÈLE: champs—campagne
> *Il y a des champs à la campagne.*

Lexique

atteindre to reach, arrive at
bien des *pron* many
cirage *m* wax or shoe polish
d'emblée *adv* from the outset
dépassé *adj* past, surpassed
(s') entraîner to train oneself, to learn
pourtant *conj* however

proche *adj or n* close; close relatives
quotidien *adj* daily
rendre plaisant to make pleasant
savoir-vivre *m* etiquette
(le, la, les) sien *poss pron* hers, his
souriant *adj* smiling

Le Langage

Le savoir-vivre comprend le langage. Véhicule de la pensée, le langage est aussi la «politesse de l'esprit». Nous vivons en société, et si le langage n'est pas la seule façon de communiquer avec nos semblables, il en est la plus normale. Tout contact avec autrui° implique échange de mots.   les autres

> «Raisonner avec un langage mal fait, c'est peser avec un faux poids.»
> (André Maurois, *L'Art de Vivre*)

On ne demande à personne de parler comme un livre, ce qui serait d'ailleurs ennuyeux,° la langue parlée étant plus libre que la langue écrite. Mais, pour   désagréable atteindre son but, un langage doit être correct: c'est-à-dire que les sons doivent

Une conversation amicale

traduire exactement l'idée que l'on veut exprimer, ni au-dela,° ni en deça,° ni à   plus / moins
côté. Le langage doit obéir à un certain nombre de contraintes, y compris les
suivantes:

Il faut parler—

1. **sans grossièretés.**° Un vocabulaire ordurier n'est jamais élégant. En fait,   vulgarité
    tout est dans la façon de le dire; si tel mot un peu leste vous vient spontané-
    ment sur le bout de la langue, ce n'est pas un drame. Cela passe mieux chez
    un jeune que dans la bouche d'une vieille dame. On acceptera quelques
    onomatopées bien sonnées proférées par un joueur de tennis qui a raté° son   manqué
    service. Dits le soir dans un salon, par la même personne, les mêmes termes
    pourront détonner. Au fond, il n'y a pas de règles, le seul principe étant de
    ne jamais choquer, et d'éviter toute vulgarité.

2. **sans enfantillage.** Ne considérons pas les enfants comme des arriérés
    mentaux. Un bébé intelligemment élevé ne sait pas ce que c'est qu'un
    bobo,° une *tuture*° ou une *risette.*° Il ne fait pas *miam-miam* en mangeant   un mal / une auto / un
    un *coco.*° Le devoir d'éducateurs des parents est d'employer un langage   sourire / un œuf à la
    simple mais normal.   coque

3. **sans recherches ni outrances.**° Évitez les mots et les phrases baroques.   excès
    Renoncez aux mots «en majuscules», aux supérlatifs excessifs. Une robe
    peut être jolie sans être *extraordinaire* ou *inouïe;* une excellente pièce de thé-
    âtre n'est pas nécessairement *un enchantement sensationnel* ou *une réussite
    vraiment remarquable;* une idole de la chanson est rarement *extra* ou *super.*
    «Entre deux mots, disait Valéry, il faut choisir le moindre.°»   le moins grandiose

4. **sans ambiguïté.** Ne supposez pas toujours que la pensée de votre inter-
    locuteur° est au même niveau que la vôtre. Soyez clair si vous donnez des   la personne que vous
    explications.   adressez

5. **sans incorrections.** Si vous commettez un lapsus,° ratez une liaison, ou   faute verbale
    écorchez un mot, revenez sur vos pas° et redites la phrase telle que vous   recommencez
    vouliez la faire. Cela arrive à tout le monde et n'est pas embarrassant si une
    correction immédiate est apportée.

    On ne *cause*° plus, on *parle,* et on ne parle pas *avec* quelqu'un mais *à*   parle informellement
    quelqu'un. On ne vient pas *de suite* mais *tout de suite.* On va *à* la poste, *à*
    l'épicerie, mais *chez* le dentiste, l'épicier, etc. On ne salue pas: «Bonjour-
    messieurs-dames». *Par ailleurs* signifie «par un autre chemin», sinon il faut
    dire *d'ailleurs* ou *d'autre part.* On ne *se rappelle* pas, on *s'en souvient,* et on ne
    se rappelle pas *de son grand-oncle,* mais *son grand-oncle.*

Une salutation polie montre qu'on a du savoir-vivre.

Certaines abréviations sont admises. On écrit avec un *stylo*, on prend le *métro*, mais on n'hésite pas entre le *ciné* et la *télé* et on ne s'empare° pas de   saisit
son *vélo* pour aller au *resto*.

«La politesse est la première et la plus engageante de toutes les vertus sociales.» (John Locke, *Quelques pensées sur l'éducation*)

Extrait et adapté du *Savoir-Vivre*

VÉRIFICATIONS

A. Quelle est l'idée principale du premier paragraphe?

1. Le langage a des valeurs différentes.
2. Le savoir-vivre est le contact avec des autres.
3. Le savoir-vivre implique le langage.
4. Le langage est la seule façon de communiquer.

B. Complétez cette phrase, qui résume le reste de la lecture:

Il faut parler sans _____, sans _____, sans _____ ni _____, sans _____ et
sans _____.

C. **Vrai-Faux**. Arrangez les mots de chaque groupe de sorte qu'ils forment des phrases complètes. Puis, dites si chaque phrase est vraie ou fausse, selon la lecture.

   1. jamais   faut   choquer   ne   il
   2. accepté   propres   fautes   est   de   corriger   vos   il   toujours
   3. bon   avec   toujours   de   il   superlatifs   des   parler   est
   4. par   communique   langage   on   normalement   le
   5. situation   dépend   l'   de   une   effet   grossièreté   d'   la

DÉFIS

A. «Le savoir-vivre comprend le langage.» Évidemment, dans ce contexte, *comprend* ne signifie pas "understand." Auquel des sens indiqués ci-dessous se rapporte-t-il?

   1. inclut   3. enseigne
   2. prend   4. rend

B. «communiquer avec nos semblables...» Quel verbe se trouve dans la même famille lexicale que *semblables*?

C. Qu'est-ce qui est «ennuyeux» selon les informations du 3ᵉ paragraphe?

D. Nous avons appris le verbe *atteindre* dans la première lecture. Alors, dans l'expression «atteindre son but», le mot *but* veut dire:

   1. début   3. milieu
   2. fin   4. objectif

E. Dans l'expression «un vocabulaire ordurier», le mot *ordurier* a un sens:

   1. favorable   2. défavorable

À partir d'ici, un mot pris au sens défavorable s'appellera *péjoratif*. (En anglais, le mot est *pejorative*.)

F. «y compris les suivantes...» Cette expression veut dire:

   1. Je ne comprends pas les suivantes.
   2. Les suivantes y sont inclus.
   3. Les suivantes sont partout.
   4. Suivez-moi, s'il vous plaît.

G. «onomatopées bien sonnées...» Il est probable que ces mots se parlent (are spoken) sur un ton:

    1. doux   2. fort

H. «détonner...» Un synonyme probable de ce mot est:

    1. choquer   2. peser

I. Dans le paragraphe «sans enfantillage», trouvez tous les mots enfantins (childish). Donnez des exemples des mots enfantins en anglais.

J. Dans le paragraphe «sans recherches ni outrances», quel synonyme vous aide à comprendre le sens du mot *inouïe?*

STRUCTURES

LE VERBE *DEVOIR*

A. Lisez à haute voix ces phrases-modèles, tirées du texte:

    1. Pourtant c'est d'abord envers ses proches que l'on doit garder son calme.
    2. Pour atteindre son but, un langage doit être correct.
    3. Les sons doivent traduire exactement l'idée que l'on veut exprimer.

B. Répétez ces phrases et dites si vous êtes d'accord ou non avec chaque idée. Expliquez-vous.

Devoir has different meanings according to the tense used. The kind of moral obligation is slightly different in the present tense ("must," "have to," "am to") and in the conditional tense ("should").

C. Joignez les idées suivantes au moyen du verbe *devoir*. Choisissez le présent ou le conditionnel, selon le cas. Justifiez votre choix.

    MODÈLE: Je... étudier.

               Je dois étudier. (C'est une grosse responsabilité.)

               Je devrais étudier. (C'est une responsabilité mais je ne la ferai peut-être pas.)

    1. un professeur... bien parler.
    2. les parents... parler un langage normal aux enfants.
    3. vous... redire la phrase si vous faites une faute.

4. on... être aimable avec les membres de la famille.
5. on... obéir à ses parents.

NÉGATION

In French, the negative construction is generally composed of two words: *ne* and another word (most frequently *pas*), which may follow *ne* directly or be separated from *ne* by intervening words.

A. Lisez à haute voix les modèles suivants:

1. Le langage *n'est pas* la seule façon de communiquer.
2. Au fond, il *n'y a pas* de règles.
3. Si vous commettez un lapsus *ce n'est pas* un drame.
4. Un bébé intelligemment élevé *ne sait pas* ce que c'est qu'un bobo et *ne fait pas* miam-miam.
5. On *ne parle pas* avec quelqu'un.
6. On *ne salue pas:* «Bonjour-messieurs-dames».
7. On *ne s'empare pas* de son vélo pour aller au resto.

Sentence 7 is an example of a negation in which a pronoun comes between *ne* and the verb.

8. *Ne considérons pas* les enfants comme des arriérés mentaux.
9. *Ne supposez pas* toujours que votre pensée est claire.

Sentences 10-14 demonstrate the use of negative words other than *ne... pas* .

10. ... *ni* au delà, *ni* en deça, *ni* à côté.
11. On *ne demande à personne* de parler comme un livre.
12. Un vocabulaire ordurier *n'est jamais* élégant.
13. On *ne cause plus*, on parle.
14. Le seul principe est *de ne jamais choquer.*

In negating an infinitive, one places both *ne* and *pas* (or the other negative word) before the infinitive.

B. Negate the following sentences by inserting *ne... pas*. Make all necessary changes.

1. Dites la vérité.
2. La langue parlée est plus libre que la langue écrite.
3. Il y a des mots vulgaires.
4. J'ai essayé de l'offenser. (Negate the infinitive.)
5. Pensons à cela.
6. Le langage traduit exactement l'idée.
7. Il se donne toujours la peine de réfléchir avant de parler.
8. Un lapsus est embarrassant.

Question: In which sentences could *ne... plus* or *ne... jamais* be logically substituted for *ne... pas*?

Lexique

arriérés mentaux *m*   mentally retarded
au-delà *adv*   beyond, more
au fond *adv*   basically
autrui *pron*   another, others
but *m*   goal
comprendre   to include
écorcher   to murder (language)
(s') emparer   to seize
en deça *adv*   less
enfantillage *m*   childishness
inouïe *adj*   unheard of
leste *adj*   off-color, naughty

moindre *pron*   the least
ordurier *adj*   vulgar
par ailleurs *adv*   another way
poids *m*   weight
rater   to miss, fail at
règle *f*   a rule
réussite *f*   success
semblable *adj* or *n*   alike; someone alike
sonnées *pp*   spoken
telle que *conj*   (such) as
y compris *prep*   including

La Bonne Conversation

«Parole lâchée° ne revient jamais.» (Proverbe)   un mot dit

«On se forme l'esprit et le sentiment par les conversations. On se gâte l'esprit et le sentiment par les conversations. Ainsi les bonnes et les mauvaises les forment ou les gâtent.» (Pascal, *Les Pensées)*

Fondement de la vie sociale, la conversation est le pivot de toute communication avec autrui. Elle doit être un échange de vues animé, cordial, intéressant entre personnes sachant écouter et s'accepter avec des convictions diverses. Elle obéit dans ce but à des règles très précieuses du savoir-vivre.

1. Il n'est pas aimable de contredire brutalement—évitez les formules lapidaires:° «Tout ceci est faux», au profit de phrases plus modérées: «Je ne suis pas tout à fait d'accord avec vous parce que...» ou «Permettez-moi d'être d'un avis différent du vôtre».   concises

2. Maniez l'ironie avec prudence. Ce qui vous paraît° une simple mise en boîte° peut sembler à votre interlocuteur une violence. Le ton et la manière sont en ce domaine aussi importants que le fond;° le petit sourire glacé n'a pas le même effet que l'amicale tape dans le dos, et les blessures d'amour-propre° sont les plus longues à cicatriser.°   semble / réponse drôle / ce que vous dites / peines d'égoïsme / guérir

3. Evitez de parler longuement de vous-même, de vos états d'âme, et de vos cas de conscience. Si vous avez besoin de vous défouler,° adressez-vous directement à un psychiatre, un confesseur... Faites en sorte que° l'on puisse dire de vous ce que Flaubert écrivait impitoyablement du mari d'Emma Bovary: «La conversation de Charles était plate comme un trottoir de rue, et les idées de tout le monde y défilaient° dans leur costume ordinaire, sans exciter d'émotion, de rire, ou de rêverie.»   confesser / pour que / passaient

4. Enfin, trouvez le juste milieu. L'intarissable,° le moulin à paroles tout comme le rêveur, le timide physiquement incapable d'émettre le moindre son, pèchent contre l'art de converser.   celui qui parle sans cesse

Extrait et adapté du *Savoir-Vivre*

VÉRIFICATIONS

A. Trouvez les phrases dans la lecture précédente qui expriment les idées suivantes:

1. Dans la conversation il ne faut parler ni trop ni trop peu.

Le «moulin à paroles» est ennuyeux; le «rêveur» est exaspérant.

2. Dans une bonne conversation il faut que les gens (les interlocuteurs) s'entendent bien.
3. Il faut faire attention quand on critique quelqu'un.
4. Quand on parle, le style est aussi important que le fond.
5. Ne parlez pas trop de vous-même.

B. Selon Pascal, l'esprit et le sentiment sont formés ou _____ par la conversation.

C. Lesquelles des règles de politesse suivantes sont en harmonie avec les idées de «La Bonne Conversation»? Justifiez votre réponse en citant le texte.

1. Il faut penser avant de parler.
2. Un bon parleur n'est jamais en désaccord avec ses interlocuteurs.
3. En parlant, soyez bref!
4. Il ne faut parler ni trop ni trop peu.

DÉFIS

A. Une parole est _____ (Donnez un synonyme).

B. Dans la citation de Pascal, la dernière phrase commence par «Ainsi». Il est probable que le mot, dans ce contexte, veut dire:

1. Donc   3. Pourtant
2. Enfin   4. De plus

C. Les noms suivants, tirés de la lecture, ont aussi des verbes apparentés (i.e., dérivés de la même famille lexicale). Tous ces verbes se terminent en *-er* dans leur forme infinitive. Donnez le verbe correspondant à chaque nom.

un fondement	une formule	une tape
une conversation	un profit	une blessure
une communication	un(d') accord	un trottoir
un échange	un domaine	une rêverie
une règle	un effet	un son

D. Regardez bien les mots suivants: **in**tarissable; **in**capable.

Le préfixe *in*, prononcé /ɛ̃/, s'attache à beaucoup d'adjectifs pour exprimer la négation d'une idée. Si l'adjectif (le radical) commence par une voyelle, *in* se prononce comme dans le mot anglais *seen* (**in**animé). *In* se transforme en *il* devant un radical commençant par *l* (**il**légal) en *im* devant un *b*, un *m* ou un *p* (**im**pitoyable), et en *ir* devant un *r* (**ir**religieux).

Donnez les antonymes des adjectifs suivants:

dispensable	buvable	appliqué
mobile	guérissable	considéré
responsable	efficace	vraisemblable
admissible	connu	révocable
limité	prévu	tangible

STRUCTURES

RÉVISION DE MOTS STRUCTURAUX

A. Lisez à haute voix les définitions et les phrases/propositions qui incorporent les mots structuraux.

1. *Autrui:* une autre personne; les autres

   Tout contact avec autrui implique échange de mots.

2. *D'emblée:* au début; dès le début

   Disons d'emblée que cela atteint rapidement la limite du ridicule.

3. *Pourtant:* cependant

Pourtant c'est d'abord envers ses proches que l'on doit garder son calme.

4. *D'ailleurs:* aussi

...ce qui serait d'ailleurs ennuyeux.

5. *Au-delà:* plus; en dehors d'un espace limité

...les sons doivent traduire exactement l'idée que l'on veut exprimer, ni au-delá, ni en deça, ni à côté.

6. *Y compris:* qui inclut

Le langage doit obéir à un certain nombre de contraintes, y compris les suivantes:...

7. *Au fond:* Essentiellement

Au fond, il n'y a pas de règles.

8. *Le moindre:* le plus petit; le moins important

«Entre deux mots, disait Valéry, il faut choisir le moindre.»

9. *Ne jamais:* forme négative de ne...jamais, avec un infinitif

...le seul principe étant de ne jamais choquer...

10. *Sinon:* conjonction et forme abrégée de la proposition, «Si cela n'arrive pas» ou «S'il s'agit d'un cas différent»...

Par ailleurs signifie «par un autre chemin», sinon,...

B. Complétez chaque phrase en utilisant un mot structural de la liste précédente. Réfléchissez bien au contexte du mot cherché.

1. Votre commentaire est intéressant mais vous n'allez pas _____ du sens litéral de l'écrivain.
2. _____ , le message chrétien est très simple.
3. Elle a invité tout le monde, _____ son ancien ennemi.
4. Faites attention! _____, vous aurez un accident.
5. L'étude d'une langue étrangère n'est pas facile. _____, vous pouvez y réussir.
6. Il a pensé au _____ détail.
7. Je lui ai dit de _____ parler à un étranger.

8. Si vous travaillez dix heures vous serez _____ très fatigué.
9. L'humaniste est toujours tolérant d'_____.
10. Supposons _____ que cela soit vrai.

Réactions et création (À discuter ou à écrire)

A. Expliquez le proverbe «L'amabilité arrange bien des choses».

B. Pourquoi est-il «souvent plus facile d'être aimable avec les étrangers qu'avec son entourage immédiat»?

C. La méditation transcendentale fait partie du savoir-vivre.

D. Voici mes propres règles du savoir-vivre:...

E. Si vous voulez être un homme ou une femme d'esprit...

Lexique

âme *f* soul
blessure *f* a wound
d'ailleurs *conj* besides
détonner to shock
en sorte que *conj* so that
fond *m* content
gâter to spoil
glacé *pp* frozen

lâché *pp* released
moulin *m* windmill
paraître to appear
pécher to sin
plate *adj* flat
sourire *m* a smile
trottoir *m* a sidewalk

Cadre 2

La Politesse

Les Français et la politesse

Se serrer la main—c'est la moindre des politesses en rencontrant quelqu'un.

LES FRANÇAIS ET LA POLITESSE is a reading similar in content to those of *Cadre 1*. It is, however, more "scientific" in that it describes a disturbing tendency in French society. The French themselves are aroused by a trend toward rudeness and insensitivity. The article gives students of French life a glimpse of some of the psychological and philosophical bases for this phenomenon. In brief, the Americans and the French have radically different notions of politeness. The essay is objectively written, but with a strong note of regret for lost values. Its message provides serious matter for reflection by peoples of all Western societies.

Les Français et la politesse

L'impolitesse se répand en France. Portes claquées au nez, téléphone raccroché avec brusquerie, à peine° «bonjour», à peine «merci», à peine «excusez-moi». Il y a seulement les anonymes tickets de caisse° pour vous «remercier de votre visite» dans un magasin et les panonceaux° de municipalité pour «vous souhaiter la bienvenue» dans une localité. Généralement, la caissière° vous ignore, le gar-

presque pas de

tickets reçus avec un achat

annonces

personne à qui on paie

Une porte claquée au nez est plutôt désagréable.

çon de café vous bouscule° facilement. Demander un renseignement, c'est souvent s'exposer à une rebuffade. — pousse

Les Français acceptent cette grossièreté de plus en plus mal. «Parlez-moi avec douceur» dit l'affiche posée sur le bureau de la secrétaire. «J'ai le coeur fragile» annonce un petit écriteau dans le bureau du patron. Une affiche dans un kiosque à journaux:° «Je ne suis pas un service de renseignements. Mais si vous vous montrez poli, je vous renseignerai.» Au guichet d'un bureau de poste à Paris: «La grimace représente un effort musculaire plus douloureux que le sourire. Donc, souriez.» Ces pancartes témoignent,° à leur manière, d'une aspiration à une plus grande amabilité. — bâtiment où se vendent des journaux / Ces affiches prouvent

Malheureusement, le savoir-vivre traditionnel s'accorde mal avec le mode de vie actuel. Il nous importe peu, aujourd'hui, que quelqu'un, pour nous parler, garde les mains dans les poches, mais nous tolérons difficilement qu'un automobiliste réveille un quartier en klaxonnant dans la nuit. La politesse évolue dans ces formes. Des règles disparaissent, d'autres les remplacent. Dans l'intervalle, c'est l'incertitude.

Il faut dire qu'à notre époque les normes sont remises en question.° Les parents ont du mal à reconnaître dans leurs propres fils les enfants qu'ils avaient été. — reconsidérées

Prenez des risques en demandant des renseignements.

«Mon père, quand il sortait de l'école, passait tous les soirs devant le directeur et retirait son béret», raconte le responsable d'un C.E.S.° «Aujourd'hui, les élèves négligent de me saluer.» Un professeur de Sciences Politiques confie que ses étudiants le tutoient° dès le début comme pour prouver que «je ne leur suis en rien supérieur».

    Le refus de la subordination s'est traduit tout naturellement par le refus de se plier° à certaines règles. «Je ne suis pas à votre service», répond la vendeuse au client. «Je ne suis pas à vos ordres», semble dire le jeune voyageur du métro à l'homme âgé qui lorgne° sa place assise. Éric, dix-sept ans, élève de première: «Si le regard sousentend° «Je suis vieux, j'ai fait la guerre de '14, tu me dois ton siège°» je ne bouge pas.»

    L'agressivité qui se manifeste volontiers en France contraste avec la courtoisie observée aux États-Unis. Les sociétés de ces deux pays ont pourtant un même souci d'égalitarisme. La différence tient à° des conceptions opposées de la politesse. Aux États-Unis, le citoyen a le sentiment de participer à une entreprise collective; la politesse n'implique pas des sentiments amicaux ou chaleureux. Les Français, au contraire, chargent la politesse d'affectivité. Elle est destinée à créer des relations privilégiées, «une complicité», comme souligne le sociologue améri-

*espèce de junior high
school*

adressent avec «tu»

obéir

regarde
implique
ta place

consiste en

Dans une file d'attente, les gens oublient vite les règles de la politesse.

cain, Jesse Pitts. La remarque est juste. Voyez l'affabilité avec laquelle fonctionnaires et cadres° traitent leurs pairs,° et l'amabilité dont le commerçant entoure
ses clients habituels: il s'agit bien, en effet, d'une complicité. «Je ne salue que les
profs que j'aime bien», dit Frédéric, dix-huit ans. Et Caroline, quatorze ans: «Si
les gens ne m'intéressent pas, je ne leur dis pas bonjour.»

managers / camarades

Les anciens Grecs disposaient de° deux mots pour traduire la notion de
politesse. Le premier signifiait aussi «amitié» et le second faisait référence à
l'«ordre». La bienséance présente donc deux aspects. Ce qui se passe aujourd'hui,
en France, c'est qu'on veut privilégier l'intimisme, l'affectif, au détriment du
formalisme.

avaient

Hélas, le monde moderne a tort. La politesse des manières lui est aussi nécessaire que celle du cœur. On en fait chaque jour, en France, la triste expérience.
Voyagez en métro, placez-vous dans une file d'attente:° vous aurez vite les nerfs à
vif.°

un groupe qui attend

agités

Il nous faut donc inventer de nouvelles conventions. Et, curieusement, ce sont
les entreprises placées au contact du public qui, les premiers, en ont pris conscience,° avant la famille, avant l'école. Qu'est-ce que la politesse sinon, d'abord,
une technique de communication? Ensuite vient le geste délicat, la parole amicale,
«cette initiative gratuite, ce cadeau qu'on fait en plus», dit le philosophe Vladimir
Jankélvitch. Civilité et politesse du cœur sont indissociables. La première rend la
seconde plus aisée. Et la civilité, ce n'est rien d'autre que cette manière de vivre en
commun dont, sans trop le savoir, nous cherchons à nouveau le secret.

l'ont noté

Claude Bonjean et Betty Hania
Extrait et adapté du *Point*

VÉRIFICATIONS

A. «L'impolitesse se répand en France.» Cette phrase veut dire:

   1. qu'il y a de moins en moins d'impolitesse
   2. qu'il y a de plus en plus de politesse
   3. qu'il y a de plus en plus d'impolitesse
   4. qu'il y autant d'impolitesse que dans le passé

B. Qu'est-ce que les Français pensent de cette tendance?

   1. Ils en sont indifférents.
   2. Ils en sont touchés.
   3. Ils la trouvent aimable.
   4. Ils en éprouvent une certaine inquiétude.

C. Quelle explication du changement est offerte dans le 3ᵉ paragraphe?

   1. Nous vivons dans une période transitionnelle.
   2. Il n'est pas important qu'on garde les mains dans les poches.
   3. Il faut toujours des règles.
   4. C'est le savoir-vivre qui compte.

D. Quelle conclusion *ne peut-on pas* tirer de cette lecture?

   1. La politesse des manières et celle du coeur sont également importantes.
   2. Il faut créer de nouvelles règles de politesse.
   3. La politesse ne se rapporte pas à la communication.
   4. La civilité est un effort de vivre bien en commun.

DÉFIS

A. **Classification.** Groupez les actions suivantes. Faites une liste sous la rubrique *Politesse* et une autre liste sous la rubrique *Impolitesse*. Ensuite, utilisez ces listes pour écrire cinq phrases d'avis qui commencent soit par «Il est poli de...» soit par «Il est impoli de....»

renseigner quelqu'un   ignorer quelqu'un   ne pas saluer   sourire claquer la porte au nez   remercier quelqu'un   raccrocher avec brusquerie   bousculer quelqu'un   tutoyer un professeur

B. Trouvez tous les mots de la lecture qui traduisent le mot anglais *sign*.

C. **Associations.** Rejoignez les mots par une association logique.

   MODÈLE: kiosque d'après la lecture
              Kiosque à journaux

A	B
cœur	réveiller
guichet	client
mains	affabilité
klaxonner	bureau de poste
règles	courtoisie
vendeuse	mots
disposer (de)	fragile
agressivité	remettre en question
traiter	poches

D. Complétez les phrases avec la préposition convenable, sans regarder la lecture.

1. Nous cherchons _____ nouveau le secret.
2. Nous vivons tous _____ commun.
3. Il faut inventer _____ nouvelles conventions.
4. On _____ fait chaque jour la triste expérience.
5. Ils _____ ont pris connaissance.
6. Voyagez _____ métro!
7. La différence tient _____ des conceptions différentes de la culture.

E. Vous trouverez ci-dessous des définitions/explications de certains mots employés dans la lecture. Identifiez chaque mot.

> MODÈLE: Cette locution adverbiale dit que certaines formules de politesse ne s'emploient presque plus.
>
> *à peine*

1. Cette expression signifie la manière de vivre des gens d'aujourd'hui.
2. Ce verbe décrit le bruit que fait une auto.
3. Ce mot est le nom d'une espèce de chapeau.
4. D'habitude, cette expression ou formule de politesse ne se trouve pas à la forme négative.
5. Cette adverbe exprime qu'on agit en toute liberté.
6. Ces mots nomment souvent des gens qui travaillent pour le gouvernement.
7. Cet adjectif concerne les émotions.
8. Cette locution adverbiale signifie «encore».
9. Cette personne travaille dans un magasin.
10. Cette locution veut dire «aujourd'hui» ou «de nos jours».

STRUCTURES

NE... QUE

In the negative expression *ne... que* (meaning "only"), *que* has no fixed position in the sentence. It can never precede *ne* and it is always found before the word, phrase, or clause that it modifies.

Je *ne* salue *que* les profs que j'aime bien.

Et la civilité, ce *n'*est rien d'autre *que* cette manière de vivre en commun...

Complétez les phrases avec des opinions personnelles. Dans chaque instance, notez bien la position de *que*.

1. La politesse n'est que...
2. Il ne faut demander un renseignement que quand...
3. La grimace ne représente que...
4. Les normes ne sont mises en question que si...
5. Les Américains ne sont polis que pour....

RELATIVE PRONOUNS

In a relative clause:
1. all noun subjects—personal or impersonal—are replaced by *qui*, which performs the action in the relative clause.
2. all nouns used as direct object of the verb are replaced by *que*, which is acted on directly by the verb in the subordinate clause.
3. non-personal objects of a prepostion use a form of *lequel* as the relative pronoun object.
4. personal objects of a preposition may use either *qui* (most common) or a form of *lequel*.
5. the word *dont* stands for *de* combined with any relative pronoun except *où*. It is always followed by the subject of the relative clause.

L'agressivité *qui* se manifeste en France contraste avec la courtoisie... aux Etats-Unis.

Les parents ont du mal à reconnaître dans leurs propres fils les enfants *qu'*ils avaient été.

Voyez l'affabilité avec *laquelle* fonctionnaires et cadres traitent leurs pairs et l'amabilité *dont* le commerçant entoure ses clients habituels.

Combine each pair of sentences with an appropriate relative pronoun, using the underlined words as antecedents for replacement.

1. Les normes sont remises en question.
   Ces normes ne sont plus pertinentes.
2. Je connais le C.E.S.
   Le C.E.S. est très libéral.
3. Vous voyez le refus de la subordination.
   Le refus de la subordination est plus ou moins universel.
4. J'ai donné mon siège à cette vieille dame.
   Voilà la vieille dame.

5. La société a besoin de politesse.
   La politesse est une chose importante.
6. Autrefois on se donnait de la peine pour la politesse.
   La politesse est une chose indispensable.
7. Vous avez fait la remarque.
   La remarque est juste. (Attention au participe passé!)
8. Les gens sont polis.
   Les gens sont plus heureux aussi.
9. Je parle du commerçant.
   Ce commerçant est très aimable.
10. Nous cherchons la politesse.
    La politesse se trouve difficilement.

Prononciation

There are many examples in the reading of words containing the sounds /u/ (pour, vous, nous) and /y/ (du, une, plus).
Remember that the lips are rounded for /u/ and spread wide for /y/.

A. Répétez les mots suivants:
   1. bouge, souci, souvent, bonjour, nouveau, prouve, sourire, journaux, sous-entend, douceur, souligne, aujourd'hui, entoure, douloureux
   2. juste, refus, début, bureau, évolue, salue, tutoient, bienvenue, rebuffade, incertitude, supérieur, subordination, curieusement, actuel, saluer

Question: Why are the words *bouscule, tout naturellement, et musculaire* considered to be special problems?

B. Construisez des phrases qui utilisent les mots en /u/ and /y/.
   MODÈLE: Il me salue toujours avec un gros sourire.

Réactions et création (À discuter ou à écrire)

A. Construisez une liste personnelle de formules de politesse. Soyez prêt(e) à défendre ces règles contre des adversaires en classe.

B. Écoutez les formules de politesse d'un autre étudiant. Réagissez critiquement à ses idées. Prenez des notes et, comme devoir, préparez une réponse écrite à chacune de ses idées.

C. **Projet commun.** Trouvez et notez des exemples en anglais d'affiches, d'écriteaux, ou de pancartes qui expriment des formules de politesse ou qui contiennent un langage poli. À l'aide d'un bon dictionnaire et du professeur, traduisez-les en français. Affichez-les au mur avec des photos ou des illustrations pertinentes.

Lexique

(s') accorder   to go with, to harmonize
affiche *f*   sign
(Il s') agit de   It's a question of
bienséance *f*   good manners
bienvenue *f*   welcome
bousculer   to bump into
cadre *m*   executive
caisse *f*   cash register
caissière *f*   cashier
chaleureux *adj*   warm, friendly
disposer de   to have at one's disposal
douceur *f*   kindness
douloureux *adj*   painful
écriteau *m*   sign on one's desk
en plus *adv*   over and above
entourer   to surround
file d'attente *f*   waiting line
fonctionnaire *m*   bureaucrat
grossièreté *f*   rudeness
guichet *m*   ticket window
(Il) importe   It is important
kiosque à journaux *m*   newsstand

klaxonner   to blow the horn of a car
lorgner   to eye
nerfs à vif *m*   frazzled nerves
pair *m*   an equal
pancarte *f*   sign
panonceau *m*   sign
patron *m*   boss
peine *f*   pain
(à) peine *adv*   hardly
(se) plier à   to comply with
prendre conscience   to take notice
raccroché *adj/pp*   hung up
reconnaître   to recognize
renseignement *m*   item of information
renseigner   to inform
(se) répandre   to grow, spread
retirer   to take off
siège *m*   seat
souci *m*   concern
souhaiter la bienvenue   greet
sous-entendre   to imply

Cadre 3

L'Humour

LECTURE

L'Humour chez les Français

(Verrier)

L'HUMOUR CHEZ LES FRANÇAIS employs the strategy of presenting examples of French humor and allowing them to make their own impact. A selection of jokes has been made to display different brands of Gallic wit. Whether these not-so-dainty morsels lead to an eventual "goût de l'esprit français" will probably depend on that unfathomable reality called "personal preference." The material will perhaps be best appreciated when read aloud since the essence of most jokes depends on their being "told" by one person to another.

L'Humour chez les Français

De temps en temps on entend l'expression «l'humour français». Il est peut-être plus juste de parler de l'humour gaulois ou l'humour *chez* les français, car les éléments essentiels de l'humour sont plus ou moins universels. Ce qui varie c'est surtout la disposition dans un peuple particulier vers certains thèmes et la tendance à utiliser certains procédés humouristiques. Voici un échantillon° de plaisanteries françaises. Certaines sont précédées d'une petite introduction.

une collection

L'humour consiste parfois à voir clair dans la réalité. Il peut être, donc, un soulagement° dans la misère.

une consolation

1. Dans les environs de la Place Maubert, un clochard° aborde un passant:

un vagabond

—Pouvez-vous me donner quelque chose? Je n'ai pas mangé depuis deux jours.

—Moi non plus, fait l'autre, je suis raide,° tout comme vous. Chez moi on vient de couper le gaz.

sans argent

—Et le clochard a répliqué: *Chez* vous? Veinard!°

une personne qui a de la chance

Une bonne partie du fameux «esprit gaulois» consiste à se moquer des choses sérieuses comme l'amour, la religion, etc. Pour comprendre la prochaine plaisanterie, il faut savoir que l'écrivain athée André Gide et l'écrivain catholique Paul Claudel se sont correspondu longuement au sujet de la religion et de l'existence de Dieu en particulier. François Mauriac est un autre écrivain catholique.

2. Le lendemain de la mort d'André Gide, Paul Claudel a reçu le télégramme suivant:

«Dieu n'existe pas! Tu peux te dissiper°... Préviens Mauriac! Ton vieil André.»

vivre sans contraintes morales

Les Français se vantent° de leur esprit. Assez souvent cet esprit se réalise en   sont fiers
regardant les choses de travers.° C'est le cas dans la plaisanterie 3.   obliquement

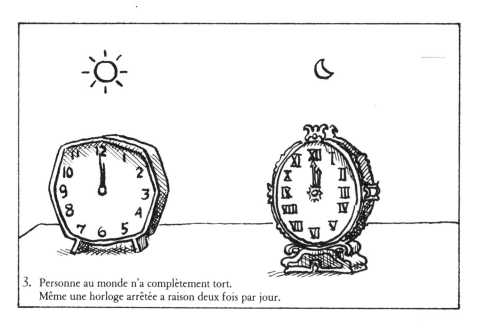

3. Personne au monde n'a complètement tort.
   Même une horloge arrêtée a raison deux fois par jour.

4. Un Anglais, un Américain et Marius discutent: ils prétendent tous trois être
   connus dans le monde entier.
   —Moi, dit l'Anglais, lorsque je vais à Londres, je suis reçu par la reine.
   —Et moi, dit l'Américain, le président est mon grand copain; il prétend qu'il
   s'ennuie quand je ne suis pas là. Aussitôt que° j'arrive à Washington, il   dès que
   envoie une escorte motocyclette pour me chercher et être sûr de me voir.
   —Peuh! Cela n'est rien, dit Marius, vous êtes connus dans vos propres pays.
   Moi, une fois je suis allé à Rome. J'arrive, je vois une foule terrible et au
   milieu, le Pape sur sa chaise à porteur que la foule acclamait. Il regarde
   de gauche et de droite, m'aperçoit, descend de là-haut et me dit: «Signor
   Marius, que je suis content de vous voir! Venez donc avec moi.» Je
   m'assieds près de lui... Et que je sois pendu° si, cinquante mètres plus   tué, suspendu par le **cou**
   loin je n'ai pas entendu quelqu'un qui disait: «Vé, qui est ce type° en   **homme**
   blanc qui est assis près de Marius?»

5.

6. Olive rencontre Marius sur la Canebière.° Il est en train de rouler devant lui   grande avenue à Marseille
un énorme tonneau.°   cask
   —Qu'est-ce que tu fais avec ce tonneau, peu-chère?
   —Je vais au docteur!
   —Tu vas au docteur avec un tonneau?
   —Oui. J'y suis allé cet hiver et il m'avait dit de revenir cet été et de lui rap-
      porter mes urines...

7. Un médecin à un curé de ses amis:
   —Croyez-moi. Ils viennent vous voir. Ils viennent me voir. Mais le véritable
      confesseur, ce n'est pas vous, c'est moi.
   —Peut-être, murmure le curé dans sa barbe, mais moi, je pardonne.

Dans beaucoup de langues comme l'anglais et le français, des malentendus
peuvent se produire par des mots ou des locutions mal placées. En voici un
exemple:

8. Petite annonce: Perdu montre de dame dont le derrière est émaillé.°   *enamelled*

Quantité de blagues (plaisanteries) se forment en jouant avec des mots qui se
ressemblent. Pour apprécier celle-ci, il faut connaître le proverbe, «La paresse°   manque d'ambition
est la mère de tous les vices.»

9. Un curé de campagne très blasé:
—Moi, je crois que la paroisse° est la mère de tous les vices...   parish

10.

11. C'est un petit garçon de six ans qui est sage comme une image. Au moment de sortir de l'école, il va trouver l'institutrice et il lui dit très gentiment:
—M'zelle, siouplaît, dites-moi ce que j'ai appris aujourd'hui, parce que papa, il me le demande tous les soirs...

12. —Alors, hurle° l'agent de police, vous n'avez pas vu le feu rouge?   crie
—Oh, vous savez, répond la femme du monde, les feux rouges, quand on en a vu un, on les a tous vus!

13. —Dis maman, qu'est-ce qu'un vampire?
—Tais-toi et bois avant que ça coagule...

14. Un clochard passe devant un restaurant. Il lit le menu distraitement, car il sait bien qu'il ne peut pas payer.
Et tout d'un coup, il tombe en arrêt devant une petite pancarte: *Entrez et mangez ce que vous voulez, c'est votre petit-fils qui paiera!*
—Ça, par exemple! se dit-il. Mon petit-fils? Mais je n'ai pas de petit-fils! Profitons-en!
Il entre dans le restaurant, il commande du caviar, une caille aux raisins,°   *quail with grapes*

une meringue royale et il se fait arroser le tout° d'un champagne grand cru.° Quand il a le ventre plein, il se lève pour sortir et alors le garçon l'arrête:

—Et l'addition, monsieur?

—Comment ça, l'addition? dit-il étonné. Vous savez bien que c'est mon petit-fils qui paiera!

—D'accord, monsieur. Mais il faut régler la note de votre grand-père...

15. —Garçon! Vous appelez ça du bouillon de poulet? Vous vous foutez de la gueule du client° ou quoi?

—Eh bien, à vrai dire, monsieur, c'est du bouillon de très jeune poulet. C'est l'eau dans laquelle nous avons fait bouillir les oeufs durs...

Extrait du *Dictionnaire des histoires drôles*
Librairie Arthème Fayard

> il... le tout: boit avec le repas / de bonne qualité

> Vous... client: Vous ne vous concernez pas du goût du client... (très argotique)

VÉRIFICATIONS

A. Identifiez la plaisanterie.

1. Celle-ci fait allusion aux préjugés des Marseillais.
2. Celle-ci fait allusion à une machine qui donne l'heure.
3. Celle-ci est litéralement horrible.
4. Celle-ci fait allusion à une question posée souvent par les parents.
5. Celle-ci décrit la bêtise d'une femme riche.
6. Celle-ci contient une situation effrayante, bien connu des enfants.
7. Celle-ci dit qu'il y a toujours quelqu'un de plus malheureux que vous.
8. Celle-ci fait allusion à l'athéisme d'un grand romancier.

B. Reconstituez les phrases à l'aide des mots donnés. La réponse sera toujours la chute (*punch line*) d'une plaisanterie.

1. horloge arrêtée—raison—deux fois—jour
2. qui—type—blanc—assis—Marius
3. Dieu—n'existe pas—peux—dissiper
4. d'accord—faut—régler—note—grand-père
5. perdu—montre—dame—derrière—émaillé
6. paroisse—mère—tous—vices
7. feux rouges—quand—on—vu—un—on—tous—vus

DÉFIS

A. Quels mots du premier paragraphe sont des synonymes de:

    1. tendance

    2. techniques

    3. un petit nombre représentatif

B. Trouvez le mot qui correspond à chaque définition. Des réponses partielles sont données.

	Réponses
1. un homme pauvre	c __ __ __ __ __ __ d
2. une sélection	__ c __ __ n __ i __ l __ __
3. répond	__ __ p __ __ q __ __
4. se produit	se __ __ __ l __ __ e
5. le jour suivant	l __ __ __ __ __ __ __ n
6. avertis (verbe impératif)	__ r __ __ __ __ n __
7. dit	__ r __ __ __ n __
8. un grand nombre de personnes	une f __ __ __ __
9. dégoûtant	__ __ gu __ __ __ __ s __ __
10. espèce de juge	__ r __ __ __ r __
11. surpris	__ t __ __ n __

C. «Chez moi on vient de couper le gaz.» *Couper* veut dire:

    1. ouvrir

    2. fermer

D. «... je vois... le Pape... que la foule *acclamait*.» Ce mot-ci veut dire applaudissait/demandait.

E. «Il... m'aperçoit....» Cela veut dire qu'il me voit/m'offense.

F. D'habitude qu'est-ce qu'on met dans un tonneau?

    1. de l'eau

    2. du vin

G. «Tais-toi et bois avant que ça coagule.» Evidemment, le mot *ça* fait allusion à du vin/du sang.

H. Une pancarte est une espêce d'affiche/de porte.

I. «Mais il faut régler la note de votre grand-père.» *Régler la note* signifie arranger les affaires/payer l'addition.

Prononciation

The letter *o* is pronounced /ɔ/, an open sound, (somewhat like the *au* sound in *awe* or *caught*) in the following contexts:

(1) *always*, in an accented or stressed closed syllable except when followed by /z/, e.g., é- cole. The syllable is closed because it ends in a consonant sound.

(2) *usually,* in an unaccented (unstressed) syllable either open or closed, e.g., clo- chard.

Prononcez les mots suivants en prêtant attention à la voyelle *o* ouverte.

aborde	trottoir	connus	Rome
donner	possibilité	lorsque	boxeur
personne	dominer	copain	tonneau
tort	bonne	escorte	énorme
horloge	moquer	motocyclette	docteur

STRUCTURES

ADJECTIVAL RELATIVE CLAUSES

Note the tendancy in English to use the present participle *-ing* form as a modifier. The corresponding French structure for the same thought is a relative clause. Thus, *qui disait* means «saying.»

«Et que je sois pendu si, cinquante métres plus loin *je n'ai pas entendu quelqu'un qui disait...*»

«And I'll be hanged if, fifty metres away *I didn't hear someone saying...*»

Dites en français:

1. I saw someone dancing in the street.
2. I heard my friend singing.
3. I saw John writing a letter.
4. I heard my mother crying (pleurer).

5. I saw the men playing cards.
6. I saw Peter looking at TV.
7. I heard music coming from the kitchen.
8. I saw the pope embracing (embrasser) Marius.

PAST PARTICIPLE USED AS ADJECTIVE

The past participle is often used adjectivally as part of a passive structure. Note that when this happens it agrees in gender and number with the *subject* of the sentence.

«Certaines sont *précédees* d'une petite introduction.» «Ils prétendaient tous trois être *connus* dans le monde.»

Formez des phrases en joignant le sujet et le participe adjectival donnés. (N'oubliez pas l'accord nécessaire.)

MODÈLE:　Marius...bien connu
　　　　　Marius est bien connu.

1. Les environs de la Place Maubert... fréquenté de Méridionaux.
2. L'horloge... arrêté à deux heures.
3. Ses plaisanteries... pas apprécié.
4. L'invitation... refusé.
5. La blague... pas compris.
6. Le télégramme... envoyé.
7. Les péchés du curé... pardonné.
8. La locution... mal placé.

Réactions et création (À discuter ou à écrire)

A. Racontez (ou écrivez) des plaisanteries originales en forme de définitions.

MODÈLES:　*La paroisse est la mère de tous les vices.*

　　　　　Un prof est celui qui n'oublie que les noms de ses étudiants.

B. En quoi consiste l'humour contemporain? En répondant, utilisez les mots et expressions suivants: consiste en (à); se moquer de; jeux de mots; double-entendre (*double meaning*); (la) caricature; exagérer; défauts/faiblesses; drôle; malheur (*misfortune*); ridicule.

Lexique

addition *f*   check (in a restaurant)

(s') apercevoir   to notice

barbe *f*   beard

caille *f*   quail

copain *m*   buddy

couper   to cut

feu rouge *m*   red light

gars *m*   boy, young man

glisser   to slide

grand cru *nm* or *adj*   from a select vineyard

horloge *f*   clock

boîte *f*   box

border (dans un lit)   to tuck someone in

bouillir   to boil

malentendu *m*   misunderstanding

petite annonce *f*   classified ad

plaisanterie *f*   joke

prétendre   to claim

procédé *m*   procedure

rouler   to roll

(se) taire   to shut up

trottoir *m*   sidewalk

ventre *m*   stomach

Cadre 4

La Peur

LECTURES

La Peur: Diagnostique

La Peur: Pourquoi? Comment faire face?

Une victime de la peur souffre des effets physiques et psychiques.

LA PEUR: DIAGNOSTIQUE is an analysis of fear and stress as reported in a French magazine article. It is a general-interest essay on a topic of almost universal concern; the need for a positive mental outlook, after all, cuts across disciplinary or curricular lines. We should not be surprised that an article in the French press is based on research done in the United States. Good mental health begins with a recognition of the nature of fear, "en français ou en anglais."

La Peur: Diagnostique

Suivant la légende, Choléra se promenait un jour à dos de chameau. Il rencontra un bédouin, qui lui demanda où il allait. «Je vais à Bagdad tuer vingt mille personnes», répondit-il. Plus tard, tous deux se rencontrèrent de nouveau. Le bédouin réprimanda Choléra.

—Tu m'as menti: à Bagdad sont mortes, non pas vingt mille personnes, mais cent mille.

—Je t'ai pourtant dit la vérité, répondit Choléra. J'en ai tué vingt mille. La peur s'est chargée des autres.

Il est bien connu que la peur peut effectivement tuer. Des personnes sont mortes uniquement de peur, à la suite de la morsure d'un serpent inoffensif. Dans un de ses livres, le Dr. William Sadler explique comme la simple peur de contracter certaines maladies peut provoquer des symptômes inquiétants. Il raconte l'histoire d'une femme décédée d'un cancer inexistant. Convaincu d'être atteinte de ce mal, elle est morte bien que n'en présentant aucun symptôme. En général, la peur ne tue pas brutalement: le processus est au contraire lent, insidieux; elle agit comme un poison provoquant un état d'esprit négatif, plein d'anxiété, de terreur même. comme toute émotion, elle a un effet indiscutable sur le corps.

Prenons-en deux exemples. Dans le premier, Jean part faire une promenade en forêt. Soudain, il se rend compte qu'un homme caché derrière un arbre l'épie.° regarde Un coup d'œil rapide lui montre un étranger, mal rasé, habillé d'une façon bizarre, un pistolet à la main. Jean se souvient tout à coup de l'article lu dans le journal, où il était question d'un malade mental qui s'était échappé d'un hôpital psychiatrique. Sans arme, sans aucun moyen de protection, Jean est pris de panique. Tout de suite, il devient un «superman»: il est capable de courir plus vite, taper° plus fort, sauter plus loin qu'en temps normal; il est prêt à se battre ou   frapper à s'enfuir.° Il choisit la fuite et part à une vitesse qu'il n'a jamais atteinte   s'échapper en courant auparavent, sautant derrière les buissons, contournant° les arbres pour échapper   courant autour de aux balles. Il réussit à se sauver. Les réactions nerveuses et chimiques s'arrêtent alors et les fonctions corporelles redeviennent normales.

Prenons un autre exemple dans la vie de Jean. Assis à son bureau, il répond au téléphone. Un de ses clients vient d'annuler une grosse commande.° Il raccroche, pris de panique: il avait compté sur cette commande pour faire face aux difficultés économiques du moment et pour payer ses fournisseurs. Il se trouve devant l'éventualité d'une faillite.° Son corps réagit alors de la même manière que devant la menace subitement rencontrée en forêt. Il est prêt à se battre ou à s'enfuir.

achat futur

échec financier

Mais, de ces deux solutions, il ne peut en choisir aucune: Se battre? Mais avec qui? S'enfuir? Mais où? La bataille se situe au niveau de son esprit et il n'existe aucune solution facile et rapide. En conséquence, ses réactions chimiques subsistent et ses fonctions corporelles ne peuvent redevenir normales tant que ses craintes et son anxiété n'auront pas été dissipées. La sécrétion d'adrénaline, stimulant indispensable en cas d'urgence, devient un poison. Un stress qui dure trop longtemps amène l'individu au seuil° de l'épuisement.° Selon la résistance de chacun, il peut provoquer des maladies chroniques, allant de l'asthma aux affections cardiaques. De plus, des études ont démontré que la peur est contagieuse: une mère peut la transmettre à son enfant bien que celui-ci ne soit pas capable de comprendre la situation. Se trouver simplement à côté d'une personne hantée° par la peur crée une

à l'état de / fatigue totale

obsédée

sensation désagréable, et écouter l'enregistrement de sa voix provoque une certaine tension.

Jaeger Buntain
Extrait et adapté de *Vie et Santé*.

VÉRIFICATIONS

A. **Opinions.** Dites si vous êtes d'accord ou non avec les propositions suivantes. Expliquez votre réponse (...parce que...).

1. Choléra habitait probablement le Moyen-Orient (Middle East).
2. La peur provoque des réactions chimiques dans le corps.
3. La peur dure toujours longtemps.
4. Avec la peur on essaie toujours de s'échapper d'une situation.
5. Celui qui a peur n'est jamais fatigué.
6. La peur et le stress sont contagieux.
7. La peur et le stress sont la même chose.
8. La peur est capable de tuer.

B. Sans regarder la lecture, faites des phrases suivantes un résumé du texte, c'est-à-dire, réarrangez-les selon un ordre logique.

1. À une autre occasion, la peur de Jean n'admet aucune solution facile.
2. Qui pourrait rester auprès d'une telle personne?
3. La peur a un effet indiscutable sur le corps.
4. Elle provoque des maladies chroniques.
5. Elle cause des réactions nerveuses et chimiques intenses.
6. Ces maladies sont contagieuses.
7. Dans un cas, par exemple, Jean s'enfuit et il se sauve.

DÉFIS

A. Dans le paragraphe qui suit l'histoire de Choléra on parle de gens morts de peur «à la suite de la morsure d'un serpent inoffensif».

1. Devinez le sens du mot *morsure* à l'aide des indications (*clues*) contextuelles.
2. Le mot *morsure* vient du verbe *mordre*. Avec quelle partie du corps est-ce qu'on mord quelqu'un ou quelque chose?

B. Dans le paragraphe où il s'agit de la promenade en forêt de Jean, citez toutes les évocations (images, mots, etc.) de *la rapidité*.

C. **Échapper/s'échapper**

Un malade mental s'était échappé d'un hôpital.

Il contourne les arbres pour échapper aux balles.

Dans la première phrase, quelqu'un sort d'un lieu où il a été enfermé. Dans la deuxième phrase quelqu'un se sauve en prenant une action évasive.

Incorporez chaque complément suivant dans une phrase complète en choisissant comme verbe *échapper* ou *s'échapper*: la prison; une catastrophe; une situation pénible; la préfecture de police; sa chambre.

D. **Familles lexicales.** Nous avons déjà vu une paire de mots: morsure-mordre. Voici une liste de verbes tirés du texte. Pour chaque verbe, devinez ou cherchez dans un dictionnaire un nom correspondant. Indiquez aussi le genre (m. ou f.).

1. agit	7. dure	13. répondit
2. choisit	8. explique	14. réprimanda
3. est connu	9. sont mortes	15. réussit
4. convaincu	10. provoquer	16. se situe
5. crée	11. réagit	17. se souvient
6. demanda	12. rencontrer	18. subsistent

Prononciation

In comparing the sounds /ɛ̃/ and /œ̃/, the more important is /ɛ̃/ since /œ̃/ can be pronounced as either sound. The most common spellings of /ɛ̃/ are *in* or *im*. A few words ending in *en* are pronounced /ɛ̃/. The sound /œ̃/ is spelled *un*. When *in* is followed by a vowel, it is pronounced /in/; when *un* is followed by a vowel, it is pronounced /yn/.

Prononcez bien les mots suivants:

1. vingt, bien, bédouin, simple, inquiétant
2. atteinte, symptôme, insidieux, plein, indiscutable
3. soudain, souvient, moyen, devient, loin
4. craintes, indispensable, individu
5. inoffensif inexistant
6. un, aucun, chacun

STRUCTURES

LE PASSÉ SIMPLE

The *passé simple* is the literary or formal equivalent of the *passé composé*. Both tenses express actions completed in the past. The following chart shows how to form the *passé simple* for regular verbs. Note that no auxiliary verb is necessary with the *passé simple*.

Stem		*Stem*	
parl (er)		fin (ir)	
all (er)		vend (re)	
-ai	-âmes	-is	-îmes
-as	-âtes	-is	-îtes
-a	-èrent	-it	-irent

Read aloud the following passage, changing the verbs in the *passé composé* to the *passé simple*.

Quand les soldats sont arrivés au château ils avaient soif. Le capitaine leur a donné l'ordre de s'arrêter. Ensuite, il leur a commandé de descendre de leurs chevaux. Ils ont obéi. Soudain, la Princesse de Crève-Cœur s'est montrée devant les troupes. Elle s'est dirigée vers le capitaine, l'a giflé (*slapped*), et lui a adressé ces paroles: «Sire, vous me faites un grand déshonneur en venant ici. Tout le monde sait que je ne voulais jamais vous revoir. Je vous prie de partir tout de suite.»

Le capitaine lui a saisi la main et il y a planté un long baiser tendre. Puis il a ordonné aux hommes de remonter aux chevaux.

NEGATIVE ADJECTIVES

There are two negative adjectives with the same meaning: *aucun* and *nul*. The former is more common; the latter is more literary. They are used in the negative construction *ne... (pas)* in place of the word *pas*. As with all adjectives, *aucun* and *nul* must agree in gender and number with the noun they modify. *Aucun* means "not a single one". It almost always occurs in the singular form.

—Avez-vous vu des lapins?
—Je n'ai vu aucun.

or

Aucun lapin ne s'est montré.

Changez les phrases suivantes à la forme négative en qualifiant le mot souligné par l'adjectif négatif *aucun*. N'oubliez pas qu'une phrase au pluriel doit changer au singulier avec *aucun*.

1. Elle a <u>peur</u>.
2. Des <u>personnes</u> sont mortes de peur.
3. Il y a un <u>homme</u> caché derrière l'arbre.
4. Un <u>malade mental</u> s'est échappé d'un hôpital.
5. <u>Un</u> de ses clients vient d'annuler la commande.
6. Il fait face aux <u>difficultés</u> économiques.
7. Il y a une <u>solution</u>.
8. Cela produit un <u>effet</u> sur le corps.

Lexique

agir   to act
atteindre   to strike, reach
bien que *conj*   however
buisson *m*   bush
chameau *m*   camel
chimique *adj*   chemical
(se) charger de   to take care of
convaincre   to convince
coup d'œil *m*   glance
de plus *conj*   moreover
en cas d'urgence   in an emergency
(s') enfuir   to flee
enregistrement *m*   recording

état *m*   state
éventualité *f*   prospect
fournisseur *m*   supplier
fuite *f*   flight
menace *f*   danger, threat
mentir   to lie
morsure *f*   bite
niveau *m*   level
raccrocher   to hang up
se rendre compte   to realize
seuil *m*   threshold
voix *f*   voice

LA PEUR: POURQUOI? COMMENT FAIRE FACE? is a reading that addresses two specific and vital questions. It discusses the pros and cons of fear, before turning to the very practical issue of coping. The advice given is salutary for people of any age, time, or culture.

La Peur: Pourquoi? Comment faire face?

Pourquoi?

Pourquoi est-on timide? À cette question élémentaire, il n'y a pas de réponse simple car les médecins, les psychologues, les sociologues et d'autres chercheurs ne sont pas d'accord sur l'origine de la timidité. Pour certains, il s'agit d'un trait de caractère inné, inscrit dans les gènes que les parents transmettent à leurs enfants. Comme la couleur des yeux, la timidité serait donc héréditaire.

«Pas du tout», rétorquent les psychologues behavioristes. «On ne naît pas timide, on le devient. C'est l'influence de l'entourage, notamment des parents, qui rend l'enfant anxieux et inhibé.»

Même approche chez les psychanalystes: pour eux, la timidité n'est que le symptôme d'un conflit très profond, une réaction contre des désirs refoulés,° de   supprimés
puissance ou de supériorité, des désirs sexuels notamment.

«Et si, au lieu de se demander ce qui ne va pas chez les timides, on s'interrogeait sur ce qui se passe autour d'eux?» demandent les sociologues. Ceux-ci dénoncent la société de solitude, de mobilité, et de compétition qui fabrique des «inadaptés». Ils condamnent ceux qui collent l'étiquette° «timide» à des gens qui   donnent le nom
sont simplement plus sensibles que les autres... Le mal serait donc à l'extérieur des timides, dans leurs conditions de vie sociales et culturelles et non à l'intérieur.

Ces différentes théories ne donnent pas une seule explication du problème, mais des éclairages° variés qui peuvent permettre de mieux comprendre. Car, «il   lumières
n'y a pas de timidité, il n'y a que des timides», affirme le Pr. Zimbardo.

Des timides aussi capables que les autres... et parfois plus: il y a chez eux, au moins, un prix Nobel, l'écrivain Isaac B. Singer, timide et fier de l'être. «Les timides, affirme-t-il, sont rarement de grands pécheurs!» Même si leur délicatesse, leur discrétion, leur personnalité souvent distinguée les font apprécier, presque tous souffrent et souhaitent guérir.

Comment faire face?

Est-ce possible? A cette question, tous les spécialistes répondent avec unanimité et optimisme: oui, on peut maîtriser ce handicap. «Mais,» dit le Dr. Jacqueline Renaud, «comment faire pour avoir vraiment envie de ne plus être timide? Car les

Le timide, le «prisonnier de la peur», peut se libérer en utilisant
certaines techniques.

envies ne se commandent pas... Ce qui nous fait «marcher» en revanche° c'est ce · au contraire
qui fait marcher les autres: l'attente d'une satisfaction, d'une récompense. Dans le
cas de la timidité, il ne faut rien faire «en force»,... mais en tirant plaisir des succès
obtenus...»

Les diverses méthodes de traitement sont toutes basées sur les mêmes principes
simples:

1. Il faut d'abord se bien connaître, faire l'inventaire exact de ses caractéristi-
    ques, de ses handicaps. La timidité est souvent liée, en effet, à un souci° · une attention
    exagéré de soi, associé à un manque de confiance en ses possibilités.
2. Ensuite, il faut comprendre «sa» timidité: comment se manifeste-t-elle? À
    quelles occasions? Quelles sont ses conséquences? Quels remèdes agissent
    sur elle?
3. Les thérapeutes anti-timidité associent généralement des moyens de con-
    trôle physique (relaxation, détente, respiration) et des contrôles psychiques
    (réflexion, prévision, préparation).
4. Il faut se documenter avant d'affronter une situation nouvelle ou difficile,
    procéder à un repérage° des lieux, une répétition des gestes,° trouver des · une observation / actions
    moyens de faire face à l'imprévu.

Le yoga représente un moyen de contrôle qui peut être salutaire
pour les timides.

Certains timides, bien sûr, requièrent l'aide professionnelle de la psychothérapie. Mais bien des timides peuvent agir eux-mêmes sur leur environnement et
leur comportement.

France de Lagarde
Extrait et adapté de *La Vie.*

VÉRIFICATIONS

A. Pourquoi est-on timide? La réponse la plus juste, d'après la lecture est:

1. À cause de ses gènes.
2. Cela résulte, probablement, d'une multiplicité de causes.

3. C'est la compétition sociale.

4. Au fond, personne n'en sait rien.

B. Trouvez trois à six mots-clef qui résument l'explication de la timidité préférée par les psychologues behavioristes.

C. Joignez les noms aux mots qui caractérisent la théorie ou l'attitude de la personne ou du groupe.

Noms	*Théorie/Attitude*
Isaac B. Singer	l'influence des parents
Les psychanalystes	l'hérédité
Les sociologues	un conflit intérieur
Les psychologues behavioristes	la fierté
Les chercheurs génétiques	un mal extérieur

D. S'il fallait changer le titre «Comment faire face?», quel serait le meilleur changement de nom?

1. Les idées des thérapeutes.

2. L'importance de la documentation.

3. Faut-il de la psychothérapie?

4. Changez votre comportement!

DÉFIS

In English, the verb *make* is often followed by an adjective, e.g., "That makes me sick." To express this concept in French, one uses the verb *rendre*.

«C'est l'influence de l'entourage... qui *rend* l'enfant anxieux et inhibé.»

A. Joignez les mots suivants en formant des phrases complètes avec le verbe *rendre*. Il faut ajouter un complément direct (*direct object*).

L'aspirine	malade
Cela	curieux
Les armes nucléaires	inquiet
Un sourire	heureux
La peur	malheureux

B. The verb *se demander* means "to wonder."

1. What is a good translation of the following sentence?

«Et si, au lieu de se demander ce qui ne va pas chez les timides...»

2. Écrivez cinq phrases exprimant des pensées personnelles. Suivez la forme des modèles.

> MODÈLES: *Je me demande s'il pleuvra.*
>   *Je me demande ce qu'on va manger ce soir.*

C. *Avec* and *sans* are often used before abstract nouns: "Tous les spécialistes répondent *avec unanimité et optimisme.*" Provide a subject and verb for each prepositional phrase below.

1. Avec intérêt   4. Sans succès
2. Avec patience   5. Sans doute
3. Avec tristesse   6. Sans souci

D. In French, the verb *faire* is sometimes followed by an infinitive.

The basic meaning of the structure is "to have someone do something" or "to have something done."

«Ce qui nous *fait marcher*, en revanche, c'est ce qui *fait marcher* les autres.»

---

1. What is the meaning of the model sentence above? In that sentence, what might be the best translation of *marcher*?
   a. march   b. walk   c. go   d. tick
2. **Idiom drill.** Say in French...
   a. That makes me blush (rougir).
   b. Timidity makes you fail.
   c. The therapist makes you understand yourself.
   d. I don't understand what makes him tick.
   e. His wife had him see a doctor.

STRUCTURES

LE CONDITIONNEL

The conditional is not only a tense, but a mood of the verb as well. A related use of this tense/mood is to express conjecture about what has not been definitively proven. Consider these familiar sentences: "Le mal serait donc à l'extérieur des timides." "Comme la couleur des yeux, la timidité serait donc héréditaire." An appropriate translation of *serait* in the preceding sentences is "might be."

Restate the following facts as conjecture, putting the verb into the conditional.

1. La peur résulte de relations familiales.
2. La peur vient des gènes.
3. Les chercheurs ne savent pas tout.
4. Le médecin ne vous traite pas correctement.

THE NEUTER PRONOUN *LE*

The invariable neuter pronoun *le* is found before non-action verbs like *être* as a replacement for an adjective. Thus, if one asks "Are you sick?" (Êtes-vous malade?), the English response is simply, "I am." However, the French response is "Je *le* suis" (literally, "I am it.").

"On ne naît pas timide, on *le* devient."

Answer the following questions using the required neuter pronoun *le*.

1. Est-il content?
2. Sont-ils mariés?
3. Est-ce qu'il est intelligent?
4. Êtes-vous innocent?
5. Est-ce que nous sommes toujours amis?

DISJUNCTIVE PRONOUNS

Disjunctive pronouns are strong or emphatic pronouns which may stand alone. Most commonly they are found (1) after prepositions and (2) after *c'est/ce sont*. The disjunctive pronouns are: *moi; toi; lui; elle; soi; nous; vous; eux; elles.*

"Il y a chez *eux*... un prix Nobel."

Replace the underlined nouns with stressed (disjunctive) pronouns.

1. J'ai peur de <u>mon père</u>.
2. As-tu peur des <u>enfants</u>?
3. J'y vais avec <u>ta sœur</u>.
4. Ne parlons pas des <u>profs</u>.
5. Elle a beaucoup d'affection pour <u>son oncle</u>.
6. C'est <u>Marc et moi</u>.

Réactions et création (À discuter ou à écrire)

A. De quoi avez-vous peur? (Énumérez toutes vos craintes et expliquez-les, à la mesure du possible.)

B. D'accord ou non? Défendez ou contestez les thèses suivantes:

   1. Il n'y a pas de timidité, il n'y a que des timides.
   2. La timidité s'explique par des relations familiales.
   3. Je suis fier (fière) de ma timidité.

C. Qu'est-ce qu'on peut faire pour lutter contre le stress?

Lexique

(Il s') agit de   It's a question of
au moins *conj*   at least
car *conj*   for, since
chercheur *m*   researcher
coller   to stick
comportement *m*   behavior
en revanche *conj*   on the other hand
étiquette *f*   label
lier   to link

maîtriser   to master
naître   to be born
pécheur *m*   sinner
puissance *f*   power
rétorquer   to reply
sensible *adj*   sensitive
souffrir   to suffer
souhaiter   to wish
tirer   to draw

Cadre 5

La Criminalité

LECTURE

Les Nuits policières de Paris

Un policier attend au coin de la rue.

LES NUITS POLICIÈRES DE PARIS points up the fact that culture study should include similarities as well as differences. The plight of urban police in the late 20th century is, to say the least, stressful. This reading reveals the roles and, to a certain extent, the political context of a Parisian "cop on the beat." The story is told through the eyes of a reporter who accompanied a police team on a stake-out one hot summer night. The reader will easily recognize the frustrations of police work expressed in this selection.

Les Nuits policières de Paris

Ce sont les ordres de l'état-major. Les policiers parisiens doivent patrouiller et faire les rondes la nuit. Traquer les délinquants jusque dans les parkings, les caves et les chambres de bonne. Tourner sans cesse. S'affirmer. Être présents. Depuis

Les ordres viennent directement de la Préfecture de Police.

janvier dernier, les flics de la Préfecture de Police ont visité 82 000 immeubles et interpellé° 53 600 personnes (dont un peu plus de 1 100 cambrioleurs°). Ils ont fait 26 000 visites dans des bistrots° et 23 000 dans des stations-service. Ils ont arrêté plusieurs milliers de taxis pour contrôler l'identité de leurs passagers et ils ont effectué 7 500 contrôles dans les autobus.

questionné / voleurs

cafés

À Paris, le flic de base doit être partout. Il doit protéger le citoyen, certes, mais surtout lui donner l'impression d'être protégé.

Tous au charbon.° C'est actuellement le lot du flic de base. À la Préfecture de Police de Paris, on peaufine° le nouveau décret de sécurité. Sur le terrain, on se défonce.° Avec les hommes du commissaire Roussel, patron du 4ᵉ district, nous avons vécu une nuit d'été. Un vrai songe.°

au travail

niggle over

s'enivre avec des drogues

rêve

«Arrête-toi rue Vaucouleurs, on va aller à pied jusqu'à la planque.°» Ça fait vingt ans que les deux O.P.J. (officiers de police judiciaire) disent ça à leur chauffeur, qui appartient à la tenue° mais qui ne porte pas son képi, pour faciliter le camouflage de la patrouille. Peine perdue. «Salut la police!» nous lance un épicier tunisien encore ouvert à 23 h. 30. Les deux O.P.J., un gros et un maigre, ne répondent pas. «On fait de la dissuasion, même si on est repérés»,° dit le gros. On gagne la planque. Un immeuble dans le 11ᵉ.° Deux postes d'observation: les fenêtres de la cage d'escalier au 3ᵉ et au 4ᵉ étage. Le gibier:° les petits dealers qui vendent du hasch, de l'herbe congolaise ou de l'improbable héroïne qui est le plus souvent du plâtre. On prend position. De temps en temps l'un des deux O.P.J. murmure: «Attention, un guetteur!»° On se baisse. Le guetteur est un Sénégalais qui semble bien trop bourré° pour guetter quoi que ce soit. «Ça y est» dit l'O.P.J. maigre. Une transaction. Effectivement, une immatriculée 92° s'arrête une seconde, à cinquante mètres de nous. Un échange rapide. On aperçoit le dealer, un mec° chauve, en blouson clair. «On ne le connaît pas, celui-là.» On descend à toute vitesse dans l'obscurité. La fièvre de la chasse...

cachette

uniforme

découverts

11ᵉ arrondissement

ceux qu'on cherche à prendre

celui qui observe pour les autres / ivre

voiture inscrite 92

un homme

On le repère vite, notre client. Le gros O.P.J. sort sa plaque. «Bonsoir Monsieur, simple contrôle, vous avez des papiers?» Il a tout ce qu'il faut, même les bulletins d'allocations de chômage. C'est un pied-noir,° la trentaine, une bonne bouille° de faux innocent. On le palpe.° On lui fouille les poches, on ouvre son paquet de pipes, on scrute sa boîte d'allumettes. Rien. Peu d'argent liquide.

un Français d'Algérie

figure / examine en touchant

«Merci Monsieur, vous pouvez partir.» «La came° était sûrement dans son slip.°» dit un des O.P.J. «Mais on n'a pas le droit de le déshabiller. Il n'y a que les gars des stups° qui peuvent faire ça. Bien sûr, si c'était un peu plus tard, on l'aurait emmené dans un couloir et on l'aurait fait baisser son froc.°»

drogue

culotte (sous-vêtement)

narcs

pantalon

Francois Caviglioli
Extrait et adapté du *Nouvel Observateur*

VÉRIFICATIONS

A. Dites si chaque action suivante a eu lieu ou non dans la lecture.

1. Les policiers ont vu une transaction.
2. Les policiers ont reçu des ordres d'être moins visibles.
3. L'auteur de l'article a patrouillé avec la police.
4. Le chauffeur a oublié son képi.
5. Personne n'adresse les policiers.
6. Les policiers ont parlé à un épicier.
7. Ils sont entrés dans un immeuble.
8. Les suspects ont parlé lentement.
9. Les policiers ont reconnu le dealer.
10. Les policiers n'ont pas déshabillé le dealer.

B. Réarrangez les phrases suivantes selon l'ordre narratif de la lecture:

1. Ils ont pris position.
2. Ils l'ont laissé partir.
3. Depuis lors, on a arrêté pas mal de gens.
4. Un épicier les a salués.
5. On a donné aux policiers l'ordre de patrouiller la nuit.
6. Le journaliste a décidé de faire un ronde avec la police.
7. Ils ont interrogé le dealer.
8. Ils ont guetté l'immeuble.
9. Puis ils ont vu une transaction.
10. À un moment donné ils sont descendus de la voiture.

C. Pourquoi le chauffeur n'a-t-il pas porté son képi?

D. Quelle serait l'attitude des policiers à la fin de cet épisode?

DÉFIS

A. Testez votre mémoire en complétant chaque phrase avec le mot convenable.

1. Le flic de base doit être _____ .
2. Depuis l'ordre de l'état-major, on a _____ 53 600 personnes.
3. Ils arrêtent les taxis pour _____ l'identité des passagers.
4. Le chauffeur n'a pas porté son _____ .
5. Le Sénégalais était un _____ .

6. Le dealer était un _____ .
7. On lui a _____ les poches.
8. Ils n'ont pas trouvé de _____ .
9. Évidemment le mec avait mis cela dans son _____ .
10. S'il avait été plus tard on l'aurait emmené dans un couloir pour le faire baisser son _____ .

B. Trouvez dans la lecture un synonyme pour chacun des mots et phrases suivants:

un café	n'importe quoi
un voleur	un type
vérifier	chercher (dans)
animal chassé	sans cheveux
effort inutile	un pantalon

C. Il y a beaucoup de mots apparentés (*cognates*) dans la lecture. Certains sont identiques aux mots anglais correspondants (e.g., *police*); d'autres ont une ressemblance partielle. Pour chaque mot suivant, donnez un mot anglais correspondant. Ensuite, répétez le mot français et expliquez les différences (1) d'orthographe, (2) de sens, et (3) de prononciation, entre le mot français et le mot anglais.

1. ordre	13. poste
2. patrouille	14. observation
3. cave	15. herbe
4. délinquant	16. plâtre
5. tourner	17. murmure
6. contrôler	18. transaction
7. protégé	19. effectivement
8. arrêté	20. stations-service
9. faciliter	21. seconde
10. maigre	22. mètres
11. dissuasion	23. client
12. camouflage	24. bulletins

Questions: 1. Quelle règle peut-on déduire des exemples 8 et 16?
2. Des exemples 11, 14, 18, et 20?

D. Familles lexicales. For each word below, list as many derivatives as you know or can find in a dictionary.

> MODÈLE: présents
>
> *présenter, présentation, présente (n.)*

visite	personne	stations
contrôler	passagers	protéger
impression	porter	faciliter
perdre	gros	vendre
chasse (n.)	chômage	tard

E. Trouvez le mot ou la phrase dans la lecture...

1. qui fait référence à l'inscription d'une auto dans un registre public.
2. qui décrit un examen d'un suspect.
3. qui exprime l'excitation du journaliste.
4. qui fait référence aux sorties des policiers.
5. qui est un synonyme du mot *accomplir*.

F. «Le gros O.P.J. sort sa plaque.» Vous ne connaissez pas le mot *plaque*. Il est probable qu'un policier sortirait à une telle occasion ou bien (1) un revolver ou (2) une pièce d'identité. Étudiez bien le contexte et prenez une décision sur le sens de ce mot. Qu'avez-vous choisi et pourquoi?

STRUCTURES

MOTS STRUCTURAUX

Notez la juxtaposition des mots structuraux dans les modèles suivants, puis écrivez des phrases originelles avec les mêmes combinaisons de mots.

1. «Traquer les délinquants *jusque dans* les parkings....»
   Jusque dans: _____ .
2. «Ils ont arrêté *plusieurs milliers* de taxis.»
   Plusieurs milliers: _____ .
3. «Il doit protéger le citoyen, certes, *mais surtout* lui donner l'impression d'être protégé».
   Mais surtout: _____ .
4. «On fait de la dissuasion *même si* on est repérés.»
   Même si: _____ .

5. «De temps en temps *l'un des deux* murmure...»
   L'un des deux: _____ .
6. «Il a *tout ce qu'*il faut.»
   Tout ce que: _____ .

PARTITIVE ARTICLE

In French, the definite article should be used when one specific noun, or at the other extreme, all members of a class of noun, are being referred to. In all other cases, the correct form of the partitive article must be used.

«...les petits dealers qui vendent *du* hasch, *de l'*herbe congolaise, ou *de l'*improbable héroïne...»

Complete each sentence with the correct form of the definite or the partitive article.

1. Les policiers n'aiment pas _____ nouveau décret.
2. Ils font des visites dans _____ bistrots parisiens.
3. Ils ont arrêté _____ taxis.
4. Le suspect avait _____ argent, mais pas beaucoup.
5. Dans l'immeuble il y avait _____ obscurité partout.
6. Le suspect avait _____ papiers.
7. Ce n'est pas _____ cocaine, c'est _____ sucre.
8. Je déteste _____ immeubles sombres.

Réactions et création (À discuter ou à écrire)

A. Résumez cette lecture dans vos propres termes.
B. Mettez au tableau noir une liste de mots-clefs pour cette lecture. Ensuite, résumez la lecture à l'aide de ces mots-clefs.
C. Préparez une liste de questions basées sur la lecture. Les réponses à ces questions doivent servir de résumé pour la lecture. Exercez-vous oralement à ces questions, puis écrivez un résumé de la lecture.

Lexique

(se) baisser   to crouch

blouson *m*   jacket

bonne *f*   maid

cage d'escalier *f*   stairway

cave *f*   basement, wine-cellar

fouiller   to search

gagner   to reach (to win)

chauve *adj*   bald

chômage *m*   unemployment

épicier *m*   grocer

état-major *m*   headquarters

flic *m*   cop (slang)

immeuble *m*   apartment building

képi *m*   peaked cap

Cadre 6

Les Jeunes: problème ou promesse?

LECTURES

Parlez-moi de moi

À l'aventure sur la côte

Pèlerinage à Taizé

Être jeune, c'est voir le bon côté de la vie.

PARLEZ-MOI DE MOI is perhaps the most difficult reading, written as it is in choppy journalistic style with occasional surrealistic references. The style, however, matches perfectly the content, the life of "walk-men." These are people who seem just to float through each day. In this essay one glimpses a facet of the generation gap. The phenomenon also raises deeper questions concerning the value of consciousness or involvement (*engagement*).

Parlez-moi de moi

Armés à la ceinture de leurs précieuses cassettes, ils se promènent dans la rue d'un air stupéfait. Ils ont des sourires angéliques, des tremblements du menton,° des *chin* mollesses° dans les genoux, des béatitudes suspectes. On les regarde étonnés ou *manque de force* indulgents. On les regarde qui ratent° les marches du métro, se détachent de leur *qui montent mal*

Les walk-men s'isolent-ils tous des réalités de la vie?

«mob», bousculent° les vieilles dames en disant «pardon monsieur». On les regarde qui flânent° sous la pluie, courent sous le soleil, passent et traversent la rue également au rouge et au vert.   *poussent* / *marchent sans but*

Il y a celui qui écoute Mozart—*la Messe en si*—pour oublier son boulot pénible° à la Sécurité Sociale. Il y a celui qui écoute Coluche° ou Marchais° et qui éclate de rire comme un idiot. Il va à l'enterrement° de sa tante, ça se voit à sa cravate noir, mais chaque chose à son temps. Il y a celui qui s'éclate au hard-rock. Le bout de ses jeunes oreilles est rouge vif. Ses dents s'entrechoquent.° Ses yeux s'allument vert-jaune. On l'applaudit. C'est la première fois. Au C.E.S.,° on se moque toujours de lui parce que l'accord des participes passés, ça lui rentre par une oreille et ça lui sort par l'autre. La musique au moins, ça reste à l'intérieur, ça ne peut pas sortir, parce que des deux côtés c'est bouché.°   *travail triste* / *un comique* / *leader* **du** *parti communiste* / *aux funérailles* / *claquent* / *junior high school* / *bloqué*

Nous les normaux, quand on marche, on va quelque part. Prendre un train, moucher° un bébé enrhumé, cuire une daube,° faire le café d'un patron ou défaire le lit d'un monsieur qu'on aime. On a un but. On guette° des signes. Le nez et les oreilles au vent, on se souvient, et on espère. Pour les walk-men, Beethoven est sourd et Ray Charles aveugle. Alors, à quoi bon les sens? Inutile donc de se rendre intéressant, d'amuser, fasciner, séduire, cracher du feu, marcher sur les mains, hurler° à la lune. À tel point qu'il est même devenu superflu, voire° grotesque, d'aller chez le coiffeur ou de s'acheter une robe neuve.   *essuyer le nez / stew* / *cherche* / *crier / même*

La réaction des autres? Comme disait ma grand-mère—«Si on n'a plus d'honneur...»

«À l'honneur», disent les walk-men qui ont réponse à tout, «on préfère le bonheur.» Et ils ajoutent: «Vous aimez le bruit des moteurs, des diesels, des turbines. Nous au moins, on s'isole avec les gens qu'on aime, qui font de la musique qui nous plaît. Ça vaut mieux que de se donner à la drogue.»

La musique est devenue les barbituriques des uns, les euphorisants des autres. Dès que la T.S.F.° s'est faite transistor, auto-radio, magnétophone, elle a envahi les rues, les plages et les chambres d'enfants. Gadget ou phénomène de civilisation, elle fait aujourd'hui marche arrière,° réapprend la discrétion et la complicité de la bouche à l'oreille, au grand soulagement° des petits retraités.° Mais le drame est que les grands enfants aux cassettes bruyantes° se fichent° de leurs familles. «Moi d'abord» est leur devise. Nous avons en effet peu de chance d'être entendu dans ce monde où seuls bientôt les murs auront des oreilles.   *la radio* / *retourne au passé* / *plaisir / gens qui ne travaillent plus* / *qui font du bruit / ne s'intéressent pas*

Catherine Caubère
Extrait et adapté de *Marie-France*

VÉRIFICATIONS

A. Quelle phrase s'harmonise le mieux avec le premier paragraphe?

  1. Ils vont et viennent sans être vus.
  2. Ils se font facilement remarquer par leurs manières.
  3. Ils aiment marcher dans la rue vingt-quatre heures par jour.
  4. Ils sont vite oubliés.

B. Dans quel paragraphe (1er, 2e, etc.) est-ce qu'on trouve...?

  1. Une discussion des cassettes et de la radio.
  2. Un contraste entre les walk-men et les autres.
  3. Une description de walk-men particuliers.
  4. Une critique de la société par les walk-men.

C. Trouvez la phrase...

  1. qui exprime l'effet produit sur les passants par les walk-men.
  2. qui identifie le moment (l'époque) où ce phénomène a commencé.
  3. qui dit pourquoi les walk-men écoutent leur musique.
  4. qui fait allusion à un échec scolaire.
  5. qui suggère que les «normaux» ont des sens plus alertes.
  6. qui résume le mieux les différences entre les normaux et les walk-men.
  7. qui compare les walk-men à ceux qui prennent des drogues.
  8. qui prouve que les walk-men ne font pas attention aux autres.

DÉFIS

A. Dans le premier paragraphe, quelle image suggère que les walk-men viennent d'un monde différent et, peut-etre, céleste?

B. La forme *s'entre*-précède certains verbes pour indiquer une action réciproque. Par exemple, «ses dents s'entrechoquent». Composez des phrases similaires en utilisant les mots donnés. Choisissez le temps du verbe qui convient le mieux à votre idée. Ajoutez des détails, si vous voulez.

  MODÈLE: arbres   vignes   s'entrelacer
  Les arbres et les vignes s'entrelaçaient.

Pour une fois	président	adversaire	s'entrelouer
Sans les lois	hommes		s'entremanger
Laissés seuls	enfants		s'entretuer
Pendant la crise	habitants		s'entr'aider

C. «Beethoven est sourd et Ray Charles aveugle.» Dans ce contexte, la phrase exprime *surtout:*

   1. une vérité litérale.

   2. une expression de pessimisme.

   3. une allusion non-pertinente.

D. Dans le dernier paragraphe, l'auteur découvre une valeur positive dans le phénomène des walk-men. Qu'est-ce que c'est? (Répondez par une phrase très simple.)

E. «On les regarde *étonnés* ou *indulgents*». Quel est le référent de ces deux adjectifs? Il y a deux possibilités: (1) «on», qui peut se rapporter à *une* ou à *des* personnes, ou (2) «les», qui est ici le complément d'objet direct. Laquelle des deux possibilités est la plus logique? Pourquoi?

F. Dans le deuxième paragraphe, comment savons-nous que le jeune walk-man considère l'homme politique Marchais comme un clown?

G. Trouvez la réponse qui correspond à chaque question selon les informations de la lecture. Le référent du mot *ils* est toujours les walk-men.

_____ 1. Quel mal font-ils à la société?

_____ 2. Pour eux, qu'est-ce qui remplace l'honneur?

_____ 3. Comment est-ce que les normaux marchent?

_____ 4. Qu'est-ce qu'ils refusent de faire?

_____ 5. Comment savons-nous qu'un walk-man va à un enterrement?

_____ 6. Comment est-ce que le walk-man trouve son travail à la Sécurité Sociale?

_____ 7. Quelle phrase a un synonyme de «manquer»?

_____ 8. Quelle phrase exprime leur indolence?

_____ 9. Où est l'allusion à un mouvement nerveux?

_____ 10. Quelle phrase comprend une critique des walk-men?

a. Ils ont des tremblements du menton.

b. On les regarde qui ratent les marches du métro.

c. Ça se voit à sa cravate.

d. On les regarde qui flânent sous la pluie.

e. Si on n'a plus d'honneur!

f. C'est le bonheur.

g. C'est un boulot pénible.

h. Ils se fichent de leurs familles.

i. Inutile de se rendre intéressant!

j. On va quelque part, c'est clair.

STRUCTURES

THE SUBJECT PRONOUN *ON*

The subject pronoun *on* is always third person singular in form although its meaning can vary widely. It can be used in lieu of any subject pronoun as long as the context makes clear to whom it refers. It is frequently used to replace *nous*. The closest English equivalent is the pronoun *one*. Its corresponding possessive adjective is *son* (*sa, ses*).

A. In each sentence below use *on* as a replacement subject.

1. Les gens parlent français au Québec.
2. Ils vendent des timbres au tabac.
3. Nous prenons l'apéritif au café.
4. Nous ne comprenons pas les jeunes.
5. Mais nous essayons.

B. Say in French (using the subject pronoun *on*):

1. We speak French in class.
2. They listen to their cassettes.
3. We like the noise of motors.
4. We do our best.
5. We don't care (give a darn) about the family.

Lexique

(s') **allumer**   to light up
aveugle *adj*   blind
bonheur *m*   happiness
bouché *adj/pp*   plugged
bruyant *adj*   noisy
ceinture *f*   belt
cracher   to spit
cuire   to cook

daube *f*   stew
dès que *conj*   as soon as
devise *f*   motto
(s') **éclater**   to explode
(s') **engueuler**   to insult one another
enrhumé *adj*   with a cold
enterrement *m*   funeral
(s') **entrechoquer**   chatter

envahir   invade
faire marche arrière   to do an about-face
(se) ficher de   not to care about
flâner   to stroll aimlessly
guetter   to look for
marche *f*   step (of a stairway)
menton *m*   chin
Messe *f*   Mass
moucher   to wipe the nose

pénible *adj*   painful, troublesome
petit matin *m*   early morning
retraité *adj* or *nm*   retired; a retired person
soulagement *m*   relief
sourd *adj*   deaf
vif *adj*   bright (color)
voire *conj*   indeed

À L'AVENTURE SUR LA CÔTE gives one answer to those who wonder how French young people spend their vacations. It examines the annual summer exodus of French youth toward the Mediterranean, demonstrating graphically the stages of hope, disillusionment, camaraderie and conviction in the decisions of these adventures. In one sense, it illustrates the famous "sytème D" (from the verb *se débrouiller*), for the French as a people pride themselves on their ability to "get out of a jam" and survive difficult situations. In another, it is a quite realistic description of the romanticism of youth.

À l'aventure sur la côte

«Ils dorment sur la plage, vivent au jour le jour. Libres et au soleil. Ils sont tous jeunes. Et cherchent à vivre autrement le temps d'un été. Loin du train-train quotidien.»

Ce matin il pleut sur St. Tropez. Antoine avait tout prévu, sauf ça. Son sac sur le dos, ses chaussures nouées° par les lacets sur l'épaule, il déambule° sur le port.

  Alors, c'est ça St. Tropez? Les yachts dont il a tant entendu parler, ils sont bien là. On voit des gens derrière les baies vitrées.° Ils prennent leur petit déjeuner, servi par un garçon en casquette de marine. C'est presque comme dans les films.

  À propos du petit déjeuner... Antoine regarde les veinards° qui boivent un café à la terrace d'un restaurant chic. Quatre francs pour un «petit noir»° portion mini. Trop cher pour lui. Il n'a plus en poche que 70 francs qu'il faut faire durer encore pendant deux semaines ou trois. Enfin, autant que possible. Jusqu'à l'absolue nécessité de faire du stop° dans le sens contraire, de lever le pouce direction Paris.

  Si sa mère le voyait! Antoine rit en pensant aux petits déjeuners copieux à la maison. Mais il ne regrette rien. Ici c'est une autre façon de vivre.

  Antoine a 19 ans. Il vient de la banlieue de Paris. Son père est mécanicien auto. Lui, il a un petit boulot dans une librairie.

  Il était six heures et demie. Comme chaque matin, les policiers en tenue° de la Brigade des Mineurs de la ville faisaient le tour des plages pour réveiller les dormeurs. Nous les avions suivis dans leur tournée. Antoine dormait là, à l'abri° d'un petit mur, la tête sur son sac à dos. Il dormait tellement bien que les policiers avaient eu un mal fou à le réveiller. Une fois réveillé, il avait l'air amusé, en somme, d'être traité comme un vagabond. On lui a expliqué qu'il faut vider les lieux pour laisser la place aux nettoyeurs des plages, qui doivent faire leur travail

attachées / se promène

fenêtres

gens qui ont de la chance
café noir

hitch-hike

uniforme

protection

avant l'arrivée des baigneurs, vers neuf heures trente. De bonne grâce, Antoine a
replié son sac de couchage: «c'est chouette° de dormir à la belle étoile» dit-il.   *très bien*

Ce matin-là il y avait une bonne trentaine de jeunes garçons et filles sur les
différentes plages de St. Tropez, réveillés par les sifflotements° des trois gardiens   *whistles*
de la paix. Le soleil émergeait difficilement des nuages. Deux jeunes filles se
plaignaient, «St. Tropez, c'est très surfait.»°   *overrated*

«Beaucoup de jeunes qui passent par ici n'ont pas d'argent ou très peu» disait
M. Boeri, le commissaire de police. «Soit qu'ils ont déjà tout dépensé, soit qu'ils se
le sont fait voler. Mais ils arrivent toujours à se débrouiller pour survivre. Ils
s'entraident entre eux. Certains acceptent de faire des petits jobs, mais pas tous.
Beaucoup préfèrent rester entre eux, au soleil. Hier, nous avons rencontré un garçon de 18 ans, il n'avait pas d'argent, mais nous a déclaré sans l'ombre d'un complexe: «Pour manger, c'est bien simple, je fais les poubelles°.   Il y a des poubelles   *garbage cans*
très propres à St. Tropez.» Renseignements pris, ce garçon appartenait à une
bonne famille de la classe moyenne.

Ce qui se passe à St-Tropez se fait tout au long de la côte. Des centaines de
garçons et filles viennent en vacances «sur la côte» avec en tête des images de

Moyen de transport: l'auto-stop *Direction:* la côte

soleil et de rencontres agréables. Ils ont quelques rares billets en poche et beaucoup d'illusions. Pour la plupart d'entre eux, le contact avec la réalité est plutôt difficile. D'abord le soleil n'est pas toujours au rendez-vous. Ensuite la vie sur la côte est chère. «Douze francs le kilo de pêches!» proteste Sophie, 18 ans, chez un épicier. Depuis huit jours elle s'alimente° de pain et de tomates. «Bah,   mange j'en mourrai pas» dit-elle en riant. De plus, eux qui pensaient vivre comme l'oiseau sur la branche et dormir à la belle étoile, s'aperçoivent qu'ils ne peuvent pas coucher n'importe où, n'importe comment. Policiers et gendarmes veillent. Mais ils survivent. Un œil sur les merveilles de la côte d'Azur, un autre sur leur porte-monnaie, ces banlieusards d'un nouveau genre naviguent ainsi durant deux ou trois semaines, entre le rêve et la réalité. Leur but: tenir° coûte que coûte avant   survivre de replonger dans le train-train quotidien et, comme le dit Philippe, 17 ans, «de se retrouver avec les profs, et les parents sur le dos, toute l'année.»

Denise Gault
Extrait et adapté de *La Vie*

VÉRIFICATIONS

A. Laquelle des propositions suivantes *n'explique pas* la migration des jeunes?

1. Ils cherchent l'aventure.
2. Ils veulent faire de nouvelles connaissances.
3. Ils avaient tant entendu parler de la côte.
4. Ils ont beaucoup d'argent.
5. Ils verront une autre façon de vivre.

B. **Vrai-Faux.** Arrangez chaque groupe de mots de sorte qu'il forme une phrase, puis dites si la phrase est vraie ou fausse.

1. l' Antoine mère a d' vu la
2. Antoine parisienne la vient banlieue de
3. jeunes dormir les laissent policiers les
4. mange un les garçon poubelles dans
5. brutalement les les traitent jeunes policiers

C. Évidemment, pour les jeunes, la vie sur la côte n'est pas «tout en rose». Comment réagissent-ils à leurs difficultés, d'après les informations du texte?

1. Ils en rient.
2. Ils sollicitent de l'assistance à la police.
3. Ils retournent chez eux.
4. Ils n'aiment pas s'entraider.

D. Remettez en ordre les phrases suivantes pour en faire un paragraphe logique.

    1. Nous nous couchons à la belle étoile.

    2. J'ai faim mais je n'ai pas d'argent en poche.

    3. Je retrouve des copains.

    4. J'arrive à St-Tropez.

    5. Je leur demande de l'argent.

    6. Les flics nous réveillent à six heures et demie.

    7. Je déambule sur le port.

    8. Il me donnent du pain et une tomate.

DÉFIS

A. Quel mot décrit le mieux la première impression d'Antoine à son arrivée à St-Tropez?

    1. la faim   2. la frustration   3. l'admiration   4. l'espoir

B. Dans un repas copieux est-ce qu'on mange peu ou beaucoup? Quel mot anglais se rapporte au mot *copieux*?

C. Pour faire du stop quelle partie du corps faut-il utiliser? Comment l'utilise-t-on?

D. «Si sa mère le voyait!» Quelle est la meilleure traduction de cet énoncé?

    1. If only his mother could see him!

    2. If only his mother were seeing him!

E. *nettoyeurs; baigneurs*

Le suffixe *-eur* signifie quelqu'un qui (a) exerce un métier particulier ou (b) s'engage dans une activité spéciale. La forme féminine est *-euse* quand le nom masculin est basé directement sur un verbe, i.e., dérivé du participe présent (e.g. travailler / travailleur / travailleuse). Le suffixe *-trice* s'ajoute à la forme masculine des noms qui *ne sont pas basés directement sur le* verbe (e.g. directeur/directrice). La plupart de ces noms ont un radical qui se termine en *t*.

Pour chaque mot dans la liste ci-dessous, identifiez (a) la nature de l'activité en question et (b) la forme féminine du mot. Des verbes qui correspondent sont donnés entre parenthèses.

MODÈLE: chauffeur
            (a) *Un chauffeur conduit une voiture.* (b) *chauffeuse*

chasseur (chasser)	acteur (agir)	danseur (danser)
chômeur (chômer)	directeur (diriger)	fondateur (fonder)
joueur (jouer)	moqueur (moquer)	opérateur (opérer)
pêcheur (pêcher)	promeneur (promener)	serveur (servir)

F. «*Antoine avait* tout *prévu* sauf ça.»

Selon *Le Petit Robert* (dictionnaire français), *pre-* est un élément linguistique marquant l'antériorité, ce qui veut dire que nous parlons d'un état qui précède une action ou une situation. Par exemple, *prévu* signifie que quelqu'un a vu quelque chose à l'avance. Le même préfixe existe en anglais (*pre-*).

Ajoutez le préfixe *pré-* aux mots suivants et utilisez-les dans des phrases complètes. Consultez un dictionnaire, s'il le faut, pour des exemples.

avis	tendu
médité	dire
conçu	voir
occuper	dominer
déterminer	juger

G. «une bonne *trentaine* de garçons et filles»; «des *centaines* de garçons et de filles».

Le suffixe *-aine* s'ajoute toujours à un nombre pour indiquer que la quantité est «à peu près» ce nombre. Elle exprime donc une certaine imprécision. Notez que le mot résultant est toujours suivi de la préposition *de*.

Dans chaque locution donnée, changez le chiffre précis à un nombre imprécis au moyen du suffixe *aine*, selon les modèles en haut.

1. soixante femmes intelligentes
2. dix classes
3. vingt étudiantes
4. trente soldats
5. cinquante hommes
6. quatre-vingt leçons

STRUCTURES

VERBAL STRUCTURES WITH *À*

The preposition *à* is found in many verbal expressions. In the ownership/identity expression *appartenir à*, it is followed by a noun: "Il appartenait *à* une bonne famille." In the progress in time expression *arriver à,* it introduces a verb: "Ils arrivent à se débrouiller."

A. Join the following strings of words so as to produce complete sentences:
1. Je   appartenir   classe   moyenne
2. Elle   arriver   trouver   une   solution
3. Antoine   arriver   comprendre   ses parents
4. Les jeunes   appartenir   leur génération
5. Les policiers   arriver   chasser les jeunes
6. Il   arriver   trouver   un petit job
7. Les plages   (ne pas) appartenir   les jeunes
8. Ils   arriver   survivre

B. Consider now the position of *à* in the structure, "Les policiers avaient eu un mal fou *à* le réveiller." (S + V + Obj. + à + V). Make a list of five things that you have trouble doing. Use the expression "J'ai un mal fou à...." Read your list to the class.

CE VS. *IL*

Ce is an invariable demonstrative pronoun meaning "it." As such, it refers to a clause or an infinitive. It may also be used as an introductory word meaning either *it, he, she, that,* or *they* before the verb *être.* In such cases, the word following *être* must be able to function as subject of the sentence. If not, the personal pronouns *il, elle, ils,* or *elles* are required. This happens in time expressions, with *être* plus adjectives, and when speaking of religion, nationality, profession or political leaning.

C'est presque comme dans les films. (Indefinite demonstrative pron.)
C'est bien simple.

Ici c'est une autre façon de vivre.

Il était six heures et demie. (With time expression)

Il est fatigué. (With predicate adjective)

Il est français. (With unmodified name of nationality)

Complete the following paragraph, using either *ce* or an appropriate personal pronoun.

Qui est-ce là-bas? _____ est Mia. _____ est Danoise. _____ est jolie et _____ est à St-Tropez. _____ est une amie d'Antoine. _____ sont bien là-bas ensemble. Au soleil. _____ intéressant, n'est-ce pas? Et _____ est aussi la fin de l'histoire. _____ est tout.

Lexique

à la belle étoile   under the stars
abri *m*   shelter
(s') apercevoir   to notice
appartenir à   to belong to
banlieue *f*   suburb
casquette *f*   cap
chouette *exclam*   Neat! (slang)
nouée *adj*   laced
poubelle(s) *f*   garbage can
pouce   thumb

sac de couchage *m*   sleeping bag
sauf *prep*   except
sifflotement *m*   whistling
soit que... soit que *conj*   either . . . or
surfait *adj*   overrated
tournée *f*   a round
train-train *m*   hustle-bustle
veiller   to watch
vitrées *adj*   glass

PÈLERINAGE À TAIZÉ, which describes an ecumenical community in France, supports the view that there is in modern youth a resurgence of interest in religion. The phenomenon exists and represents the spiritual yearnings of at least a significant minority of French youth. If it accomplishes nothing else, the article reminds us that the life of the spirit takes many forms in contemporary France and that such things as meditation, manual work, and communal living are not extinct in what is often seen as highly secular culture.

Pèlerinage à Taizé

«Du monde entier, des jeunes viennent partager prière, silence, recherche, méditation et spiritualité.»

Taizé, un nom presque inconnu il y a vingt ans, et qui cette année de nouveau pour Pâques° a attiré à lui quelque trois mille jeunes. Taizé, qui désormais° signifie espoir, rencontre, partage.

fête de la Résurrection du Christ
à partir de ce moment-là
choqué

Cela arrive parce que, dans les années quarante, un jeune homme suisse et protestant a été frappé de plein fouet° par le scandale de la division des Chrétiens. Roger Schultz l'a écrit depuis: «Sans être en communion visible entre eux, les Chrétiens peuvent-ils discourir sur l'amour?» En ce temps-là il se contente de quitter son pays, et cherche un lieu de solitude qui deviendrait un lieu de prière, la prière essentielle de Jésus à la veille de sa mort: «Mon Dieu, fais qu'ils soient un, comme nous sommes un, afin que tous croient que tu m'as envoyé.»

Des protestants sont venus d'abord, auprès du frère Roger, élaborant lentement cette fraternité nouvelle. Et puis des catholiques. Lentement le nombre des frères s'est accru. Ils sont soixante-quinze aujourd'hui.

Le frère Clément explique la philosophie de la communauté: «Nous ne voulons rien possédé d'autre que les maisons où habite la communauté.» Et la communauté vit, au jour le jour, du travail de tous. Des livres du frère Roger, traduits dans une dizaine de langues. De tout ce qui sort de l'atelier de poterie, des icônes qui sont peintes par un certain nombre de frères.

L'accueil à Taizé, c'est aussi tout Taizé. Dès le début, la communauté s'est montrée ouverte au partage et au dialogue avec les Chrétiens de toute origine. Elle s'est montrée également ouverte aux non-Chrétiens. Alors en 1974 une grande renaissance religieuse a eu lieu avec le Concile des Jeunes. Cet événement était une réponse à une demande concrète, une attente, celle des jeunes en mal d'espérance,° en quête de ce que la société, les adultes, les familles, les églises

sans espérance

Des jeunes trouvent à Taizé un havre de calme dans un monde bruyant.

même ne leur donnaient pas. À ce moment-là les jeunes sont venus en foule—on a dit quarante mille—et la légende a pris naissance. Dans cette légende, on pense toujours au Taizé de la jeunesse en rupture avec le monde dont elle refuse les inégalités, qui s'en console en s'isolant, en jouant de la guitare autour d'un feu de camp, tout en refusant la société par la parole et la chanson. À Taizé, ils ont demandé une halte, un havre,° une mise à l'abri° et Taizé le leur a donné.   lieu de paix / état protégé

Ils viennent, mais pas pour des vacances, car ils doivent «gagner leur pain quotidien». Chaque arrivant à Taizé est accueilli par un frère qui, très vite, s'efforce de comprendre cette attente, puis de le diriger vers l'une et l'autre des possibilités offertes par Taizé. Travail, formation d'équipes participant à l'accueil, travail aux cuisines, multiplicité de tâches. Rencontres: au moyen de petits groupes auxquels le frère John qui est américain propose un thème de recherche, de méditation, et qui ensuite vont échanger pendant une ou deux heures, leur quête, leurs idées, leurs préoccupations autour de ce thème. Enfin silence, cette autre voie. Partout il y a un incessant va-et-vient et, sur la pente d'une colline des constructions en bois ont été édifiées par les frères. On peut choisir d'y vivre dans la solitude, le silence. Un silence qui sera rompu cependant pour communiquer avec un frère. «Non, ce n'est pas le repos que nous offrons à Taizé» disent les frères.

   Il n'y a pas de repos non plus pour les quarantes jeunes, filles et garçons que l'on appelle à Taizé «les permanents». Ce sont parfois des jeunes à la recherche de l'Église, du travail dans l'Église. Parfois des jeunes, qui à la fin de leurs études et avant de s'engager dans la vie active, se donnent cette halte, cette attitude d'approfondissement, de remise en question,° de quête de l'essentiel. Et dans cette marche, chacun a dans la communauté un répondant, un frère, une sœur. Avec qui chercher, se chercher, chercher le Christ.

en doute

Élisabeth Morel
Extrait et adapté de *La Vie*

VÉRIFICATIONS

A. Quels mots au début de cette lecture s'appliquent également à la quête, la motivation des jeunes dans la lecture précédente?

B. Comment savons-nous que la communauté à Taizé accueille les deux sexes?

C. Où est-ce que la lecture fait allusion au caractère œcuménique de la communauté?

D. Qu'est-ce qui attire les jeunes à Taizé? (Conseil: cherchez dans le cinquième paragraphe.)

E. Lesquelles des propositions suivantes sont vraies ou probables selon le texte?

   1. Il y a plus de protestants que de catholiques là-bas.
   2. On accepte n'importe qui dans cette communauté.
   3. Les visiteurs doivent travailler pendant leur séjour.
   4. Il y a beaucoup de discussions dans ce camp.
   5. Il n'y a pas d'athées dans cette communauté.

DÉFIS

A. Dans une longue énumération de noms, il y a tendance à supprimer (omettre) l'article défini.

   «... des jeunes viennent partager prière, silence, recherche, méditation et spiritualité.»

Créez des listes en complétant les phrases suivantes avec des noms sans article.

1. Je vais consacrer ma vie aux valeurs les plus importantes: _____ ,
   _____ , _____ , et _____ .

2. Sa chambre était pleine d'objets des plus variés: _____ , _____ ,
   _____ , et _____ .

3. Les défauts de mon prof sont sans bornes (limites): _____ , _____ ,
   _____ , et _____ pour n'en citer que quelques-uns.

B. En français, il existe plusieurs moyens par lesquels un mot en forme infinitive se
    change en forme nominale. Un certain nombre de verbes en *-er* perdent le *r* final.

    partager—partage
    rechercher—recherche
    rencontrer—rencontre

La plupart des mots de ce genre (*partage* étant l'exception) sont féminins.

1. Pour chaque forme verbale ci-dessous, donnez la forme nominale
   correspondante.

adresser	fêter	marcher	placer
avancer	forcer	neiger	planter
commander	former	pêcher	récolter
demander	garer	peiner	toucher

D'autres verbes en *-er* se changent en nom en prenant la terminaison *-ée*.
    arriver- arrivée

2. Formez le nom correspondant aux verbes suivants:
   fumer
   monter
   penser
   ranger
   rentrer

Un troisième groupe de verbes perd le *-er* final. Le radical même du verbe est le nom. La plupart de ces noms sont masculins.

regarder—regard

3. Identifiez le nom qui correspond à chaque verbe suivant:
   appeler   arrêter   débuter   larder   paqueter

Enfin, il y a un groupe où le nom résulte d'un petit changement du radical.

discuter—discussion

4. Donnez le nom correspondant aux verbes suivants:

   essayer   séjourner   acheter
   attendre   blesser   chanter
   mentir   permettre   pleuvoir
   remplacer   vendre   vivre

C. Le verbe *accueillir* (accueil, accueillant) se conjugue au présent comme le verbe *ouvrir*. Complétez les phrases suivantes avec la forme convenable du mot *accueil*.

   1. On lui a donné un très bon _____ .
   2. Les nouveaux parents _____ les nouveaux bébés comme des bijoux précieux.
   3. Elle se souvenait souvent des _____ chaleureux d'autrefois.
   4. Je l' _____ toujours comme un membre de la famille.
   5. Ces gens-là ne sont pas très _____ .

D. «Des protestants sont venus d'abord *auprès du* frère Roger.»

La locution prépositive *auprès de* veut dire «proche», «dans les environs de» tout comme *près de*. C'est un synonyme de *près de*, mais elle a un sens plus large, car elle peut aussi signifier «avec» ou «en comparaison avec». *Près de*, par contre, se limite à un sens spatial.

Dans les phrases suivantes, choisissez *auprès de* ou *près de* selon le cas.

   1. _____ ma blonde, qu'il fait bon, fait bon, fait bon!
   2. La fenêtre est tout _____ la porte.

3. La pharmacie est tout _____ ici.
4. Ton mal n'est rien _____ mien.
5. Il ne faut pas que les enfants restent trop longtemps _____ leurs parents.

Les conjonctions sont d'une importance capitale parce qu'elles servent de liaisons entre les idées d'un paragraphe. Voici, en récapitulation, les conjonctions de ce cadre suivies de définitions ou explications.

Après avoir étudié ces conjonctions, insérez chacune dans une phrase à l'aide des mots donnés. Ne cherchez pas les phrases du texte.

	Conjonction	*Signification*	*X (Contexte des nouvelles phrases)*
1.	au moins	au minimum	la musique ça reste à l'intérieur
2.	seulement maintenant	les conditions ont changé	un café coûte cinq francs
3.	à tel point que	à un tel degré que	il est même devenu superflu
4.	Or	Maintenant	si on manque d'honneur!
5.	dès que	du moment où cela a commencé	la T.S.F. a coupé le fil...
6.	À propos de	concernant	... petit déjeuner, Antoine a faim.
7.	Soit que... soit que	L'explication est ou ceci ou cela	... ils ont dépensé leur argent ils se le sont fait voler.
8.	Ensuite	Après cela	ils sont rentrés.
9.	De plus	Voici une autre raison ou fait	ils s'aperçoivent qu'ils ne peuvent pas coucher n'importe où.

Question: Si un paragraphe a trois phrases correspondantes à un début, un milieu, et une conclusion, citez une conjonction convenable pour chacune de ces trois parties du paragraphe.

STRUCTURES

TOUT EN + PRESENT PARTICIPLE

Tout en is used with the present participle to express "all the while ... (doing something)."

Ils s'en consolent *tout en refusant* la société par la parole et la chanson.

Now construct similar sentences, linking the given elements with the phrase *tout en*.

1. Ils prient   travailler
2. Ils échangent des idées   essayer de comprendre
3. Ils sont ouverts à tous   rester Chrétiens
4. Ils préparent l'avenir   vivre dans le présent
5. Ils s'engagent dans la société   réfléchir

STRUCTURE WORD REVIEW

Use the following structure words in complete sentences:

1. à tel point que
2. À propos de
3. autant que
4. à l'abri de
5. tout au long de
6. Ainsi

LES ADJECTIFS DÉMONSTRATIFS

Demonstrative adjectives function as determiners (i.e. they precede nouns.). They correspond to the English demonstratives *this, that, these* and *those.* The French adjectival forms are *ce* (masc. before consonants), *cet* (masc. before vowels), *cette* (fem.), and *ces* (plu.).

Replace the underlined articles with demonstrative adjectives.

1. Pour atteindre *le* but un langage doit être correct.
2. *Les* jeunes n'ont pas d'argent.
3. Les pauvres n'ont pas *d'*espoir.
4. *La* pensée de l'interlocuteur est bien intéressante.
5. *Un* homme suisse a fondé Taizé.

Réactions et création (À discuter ou à écrire)

A. Quelles valeurs humaines se reflètent dans les trois lectures de ce cadre?

B. Thèse à défendre ou à contredire: La musique rock sert une fonction utile à la société.

C. Pour les bonnes vacances l'argent n'est pas «de rigueur» (nécessaire).

D. Les jeunes sont plus religieux que les autres.

E. Lisez et disutez les proverbes et maximes suivantes.

> Jeunesse et adolescence
> Ne sont qu'abus et ignorance. (François Villon, *Le Testament* (1451)
>
> Il faut que jeunesse se passe. (Il faut être indulgent avec les fautes de la jeunesse.)
>
> Le diable était beau quand il était jeune. (La jeunesse est toujours agréable.)
>
> Le jeunesse est une ivresse continuelle; c'est la fièvre de la santé; c'est la folie de la raison.
>
> (La Rochefoucauld, *Réflexions ou Sentences et Maximes Morales*)
>
> L'ivresse de la jeunesse est plus forte que l'ivresse du vin.
>
> (Proverbe persan)

La jeunesse a une belle face, et la vieillesse une belle âme.

(Proverbe suédois)

La plupart des hommes emploient la première partie de leur vie à rendre l'autre moitié misérable. (La Bruyère, *Les Caractères*)

Lexique

(s') accroître *(pp s'accru)*   to grow
accueil *m*   welcome
afin que *conj*   in order that
approfondissement *m*   deepening
atelier *m*   workshop
au jour le jour   from day to day
au moyen de *prep*   by means of
auprès de *prep*   around, near
avoir lieu   to take place
de nouveau *adv*   again
désormais *adv*   henceforth
discourir sur   to talk, preach about
édifier   to build
(s') efforcer de   to try to
en quête de *prep*   in search of

(s') engager   to become involved
équipe *f*   team
fouet *m*   a whip
frappé de plein fouet   shocked
havre *m*   haven
naissance *f*   birth
prendre naissance   to be born, arise
parole *f*   word
pèlerinage *m*   pilgrimage
tâche *f*   task
traduire   to translate
va-et-vient *m*   coming and going
veille *f*   night before
voie *f*   way, path

Jeunes poètes

«Il y a des soirs comme ça où j'ai besoin d'écrire.»

JEUNES POÈTES concerns the discovery being made by thousands of French young people that the writing of poetry can have marvelous therapeutic effects. This trend is clearly reflected in the upsurge of manuscripts submitted to a journal established for youth. This article was selected not only to describe the momentary reality in France, but also to remind the reader of the extraordinary powers of language.

Jeunes poètes

«J'aimerais être sans cœur
Pour ne pas voir
Votre amour qui se meurt...»

Elle lit vite, Odile. Sans lever les yeux. Le ton saccadé° de sa voix hache° des vers rougis par ses blessures. Parfois, un sourire triste vient fleurir ce visage aux grands yeux noirs. Un sourire d'adolescente qui rêve à un ailleurs peuplé de tendresse.

brusque et irrégulier / coupe en morceaux

Au début du poème, elle a écrit: «À mes parents qui ignorent ce que leur amour déchiré me fait écrire.» Ils sont à cent lieues° de penser, ces parents, que leur fille écrit des poèmes. «Mes poèmes, ce n'est ni bien, ni mal. C'est moi», remarque Odile. Voilà. C'est tout. Mais n'est-ce pas l'essentiel? «Mes parents ne s'entendent pas. Je ne peux pas leur dire brutalement comme ça ce que je pense. Alors j'écris.»

loin

Des Odile, il y en a des centaines de milliers en France et ailleurs. Pierre de Givenchy en sait quelque chose depuis qu'il s'est risqué, en 1975, à éditer des textes confiés par les jeunes de son lycée à Orléans. «Écrivez-nous. Envoyez-nous vos textes. Nous vous répondrons», avait-il déclaré. Ils ont écrit en effet. Ils ont envoyé leurs poèmes aussi. Soixante mille textes reçus depuis lors.°

cette époque-là

Rêves d'une planète, Copies d'un amour sur tableau noir, Le soleil ne meurt pas, Crie que tu es, Mon corps a des secrets, Laissez-moi m'envoler. Voilà des livres que l'éditeur a publiés depuis cinq ans et qui connaissent un franc succès.

«Je remarque que depuis plusieurs années, les jeunes écrivent beaucoup et facilement. Ils ont redécouvert l'écriture comme moyen de communication», souligne Pierre de Givenchy. Peut-être par difficulté de relation avec le monde des adultes. Mais c'est un moyen qui les protège aussi. Quand j'annonce ma visite à un jeune que je ne connais que par correspondance, il me répond: «Non, laisse-moi t'écrire encore un peu».

Les journaux intimes fleurissent. «Beaucoup plus qu'on ne croit», affirme-t-il. Partagés entre le désir de dire et la peur d'être lus, les jeunes expriment par écrit, à la fois° leur solitude, leur désir d'aimer et d'être aimés.

en même temps

Mais c'est en même temps un besoin impérieux de présence, un besoin quasi sensuel. «Il y a des soirs comme ça où j'ai besoin d'écrire», confie Marie-Christine. «Je ne sais pas vraiment ce que j'ai envie de dire, mais j'ai besoin des mots. J'ai besoin de les sentir, de les entendre, de les voir naître au bout de mes doigts, après les avoir accouchés° de mon corps.»   *leur avoir donné naissance*

Pourquoi tous ces jeunes, fous d'écrire, choisissent-ils l'expression poétique? «Écrire, c'est un exorcisme», explique Marie-Christine, dix-huit ans. «C'est une manière de me libérer d'un malaise, de l'ennui... Pour moi, c'est une drogue.»

«Mais une drogue saine», commente Pierre de Givenchy. «Car d'autres s'évadent par la vraie drogue, la fugue° ou le suicide. Eux, en écrivant, crèvent° un abcès intérieur. Beaucoup d'adultes me reprochent la publication des recueils° qui, selon eux, dramatisent. Je suis profondément convaincu, au contraire, que cela permet aux jeunes de dédramatiser les situations qu'ils peuvent vivre.»   *l'évasion / ouvrent*   *collections de poésie*

Il se souvient de son adolescence: «Quand j'avais dix-sept ans, j'écrivais beaucoup de poésie. C'était gentil, pas du tout contestataire.° À l'époque, c'était plutôt un exercice pour jeunes de bonne famille. Alors qu'aujourd'hui, c'est surtout la recherche de langage. Un langage éclaté dans lequel les jeunes peuvent se retrouver avec leurs propres contradictions, leur esprit, leur corps.»   *controversable*

Expression d'une époque, la poésie des jeunes prend aussi la coloration de chaque âge. Elle suit l'évolution psychologique de l'adolescent. Poésie de contemplation, vers douze ans, où la nature, le soleil, la mer envahissent le paysage,° elle se mue° en crie, en quête de soi entre treize et dix-sept ans: «Qui suis-je? Suis-je aimé?»   *préoccupent l'esprit*   *se change*

À cette période narcissique succède une phase plus engagée, plus tourné vers les autres, vers le monde. Les vers distillent leur lot de violence, de révolte contre la guerre, la faim. On voit poindre° aussi toutes les grandes questions existentielles: la vie, la mort, la foi.   *apparaître*

> Jean-Claude Escaffit
> Extrait et adapté de *La Vie*

VÉRIFICATIONS

A. Le premier paragraphe exprime

   1. la joie.   3. la peur.
   2. la tendresse.   4. la nostalgie.

B. Dans le deuxième paragraphe, Odile avoue:

   1. qu'elle n'aime pas ses parents.

2. que ses parents lui manquent.

3. que ses parents ne s'entendent pas.

4. qu'elle communique avec ses parents au moyen de la poésie.

C. Selon Pierre de Givenchy,

1. les jeunes écrivent pas mal de poésie.

2. les jeunes écrivent de moins en moins de poésie.

3. les jeunes n'ont pas grand-chose à dire.

4. les jeunes préfèrent la poésie musicale.

D. Certains adultes n'aiment pas les recueils des jeunes

1. à cause de leur spiritualité.

2. à cause de leur expression exagérée.

3. à cause de Pierre de Givenchy.

4. parce qu'ils ont peur des idées là-dedans.

E. La poésie des adolescents plus âgés:

1. est plus frivole que celle des plus jeunes.

2. est plus polie que celle des plus jeunes.

3. est plus superficielle que celle des plus jeunes.

4. exprime une quête d'identité.

F. Dites concisément le thème (l'idée principale) de cette lecture.

DÉFIS

A. Trouvez dans le texte une référence à chacune des pensées suivantes:

1. Les parents ne se comprennent pas.

2. Les parents ne s'aiment plus.

3. Les jeunes ont retrouvé la valeur de l'acte d'écrire.

4. Il y a de plus en plus de journaux intimes.

5. L'écriture est une grande nécessité.

6. D'abord j'engendre les mots, puis je les entends et je les sens.

7. Ils adorent la poésie d'un amour irrationnel.

8. La poésie est une drogue qui ne fait pas de mal.

9. La poésie vous permet de vivre plus normalement.

10. Il se rappelle sa jeunesse.

11. C'est un genre de poésie où la nature remplit toute la scène.

12. C'est une période plus active où les jeunes sont plus responsables.
13. Cette personne préfère écrire que de parler.
14. La poésie traite les sujets les plus importants.

B. L'image «des vers rougis par ses blessures» fait allusion:
   1. à la bonté divine.
   2. là couleur des choses naturelles.
   3. au sang et aux souffrances.
   4. à des serpents.

C. Dites pourquoi vous avez choisi la réponse en haut.

D. «Pierre de Givenchy en sait quelque chose.» À quoi est-ce que le mot *en* se rapporte?
   1. aux jeunes poètes
   2. aux Français
   3. aux poèmes
   4. aux problèmes des poètes

E. Trouvez le mot qui dit que Pierre de Givenchy a dit quelque chose *avec insistance.*

F. Identifiez la personne dans la lecture qui aurait pu exprimer les phrases suivantes et dites pourquoi vous le pensez.
   1. «Je veux bien lire vos poèmes.»
   2. «Mes parents ne comprendront que la poésie.»
   3. «J'écris des poèmes parce qu'il le faut.»
   4. «La poésie est une fonction sociale.»
   5. «Je ne veux pas qu'ils souffrent comme moi.»

G. Le mot *ailleurs* s'emploie de deux façons différentes. Lesquelles? Pourquoi ce mot s'accorde-t-il bien avec le thème de la lecture?

H. **Mot apparentés.** Il y a dans la lecture des mots de la même famille lexicale que les mots suivants. Trouvez-les.

intimité	souvenir	publier
ignorance	confession	existence
contester	drame	brute
violent	engagement	aimer
tristesse	fleur	couleur
succession	écrire	correspondre

Prononciation

The sounds /œ/ and /ø/ are both pronounced with rounded lips and the tongue raised approximately half-way in the mouth. However, /ø/ is a more rounded, slightly higher sound. /ø/ usually appears in open syllables, i.e., those ending in a vowel, while /œ/ is found in closed syllables, i.e., those ending in a consonant. Exception: the syllable *euse*, which is pronounced /øz/.

fleur   veux

Il y a treize mots dans la lecture qui contiennent le son /œ/. Trouvez-les. Ensuite, lisez à haute voix les paires de mots suivants:

1. ils peuvent/il peut
2. ils veulent/il veut
3. un bœuf/des bœufs
4. professeur/monsieur
5. jeune/jeu
6. peuple/peu
7. meilleur/mieux

STRUCTURES

LE VERBE *MOURIR*

Présent:

Je meurs	Nous mourons
Tu meurs	Vous mourez
Il meurt	Ils meurent

Notez les deux radicaux: (1) *meur* et (2) *mour*. La forme pronominale *Je me meurs* s'emploient uniquement au présent. Elle désigne une action lente, qui est en train de se passer. Le sens et la forme traduisent alors une certaine lenteur et souvent une angoisse.

> «J'aimerais être sans cœur
> Pour ne pas voir
> Votre amour qui *se meurt*...»

Imparfait: Je mourais
Futur: Je mourrai
Passé composé: Il est mort

Complétez les phrases avec la forme indiquée du verbe *mourir*.

1. Ils _____ (présent) de faim.
2. Nous _____ tous. (futur)
3. Quand _____ -il _____ ?(passé composé)
4. Je _____ (présent, forme pronominale).
5. Elle _____ (imparfait) d'un cancer.

LOCUTIONS ADJECTIVALES

In French, nouns are often modified by adjectival prepositional phrases. This tendency is less common in English. Such a phrase (*à* + article + noun + adjective) is used to describe parts of the body or articles of clothing. In such cases, the preposition means *with* or *in*.

«ce visage *aux* grands yeux noirs»

A. Combine the following sentence elements to form complete sentences and state the English meanings of those sentences.

1. La petite fille   cheuveux longs   répondre (passé composé)
2. L'homme   yeux bleus   être méchant (présent)
3. La dame   robe verte   être ma sœur (présent)
4. Les enfants   mains sales   ne pas manger (présent)
5. Le voisin   bras courts   s'appeler Etienne (présent)

A prepositional phrase with *de* is often used to identify or qualify a noun. It is sometimes translated as a single adjective in English.

«C'est un homme de bonne volonté.» *He's a man of good will.*
«Elle étudie l'histoire de France.» *She's studying French history.*

B. Combine the following phrase elements into complete adjectival phrases and state the English meaning of each phrase.

1. un vin   bonne qualité
2. une leçon   géographie
3. une maison   campagne
4. un chauffeur   taxi

5. un moment   vérité
6. une pièce   identité
7. une question   argent

Lexique

à la fois *adv*   at the same time
accoucher   to give birth
ailleurs *adv*   elsewhere
contestataire *adj*   provocative, issue-oriented
crever   to open up, explode
déchirer   to tear
éclaté *adj past part*   striking
(s') entendre   to get along
envahir   to invade
(s') envoler   to fly away
époque *f*   period (of time)
fleurir   to flourish

fugue *f*   flight
hacher   to cut up
lors *adv*   then
(se) mourir   to die
(se) muer   to move
naître   to be born
paysage *m*   countryside
poindre   to come up, crop up
peupler   to people
recueil *m*   collection of poems
saccadé *adj*   staccato
soi *pron*   oneself

POÈMES D'ENFANTS springs from a poetry contest for children sponsored in 1980 by the United Nations. A selection of francophone poems is presented to show (1) how large a bridge the French language is, uniting people of widely diverse cultures and geographical regions, and (2) the simplicity and beauty of French found in children's poetry.

Poèmes d'enfants

Près d'un million d'enfants de moins de 14 ans originaires de 57 pays ont participé au «Concours mondial de póesie d'enfants» organisé conjointement en 1980 par l'UNESCO et la Radio Corporation of America (RCA). En voici quelques sélections.

L'Algérie
Combien d'enfants sont morts
Combien d'enfants sont morts,
victimes de la misère et du malheur;
ils sont morts déchiquetés°   découpés en morceaux
par la destruction et la guerre.
Ils sont morts sans jugement,
leur seul crime étant d'être
les enfants des humbles.
Les enfants aiment la paix,
comme les abeilles aiment les fleurs.
Car celui qui crée la guerre,
a pensé à l'anéantissement.°   destruction totale
Il a oublié l'Homme,
il a oublié les enfants.
                    Noura Bahi, 13 ans

La Belgique
Musique, viens
Musique, viens;
Détruis la guerre,
Couvre son fracas,°   bruit
Poème, arrive;
Détruis la guerre;
Étouffe ses cris,

Musique, poème,
Vous êtes plus forts,
que les larmes,
que les armes,
Chantez!
Marc Bertoli, 11 ans

La France
Si j'avais pour ami
Si j'avais pour ami un jeune phoque°   *seal*
Tu sais, Nanouk, je pourrais être toi.
Si je pilais le mil° devant ma case°   *pounded millet / in front*
Tu sais, Fatou, je pourrais être toi.   *of my hut*
Si je cherchais un puits° dans le désert   un trou où il y a de l'eau
Tu sais, Ahmed, je pourrais être toi.
Si je rêvais sous mon chapeau pointu,
Tu sais, Li-Yu, je pourrais être toi.
Si j'habitais tout en haut d'un gratte-ciel°   bâtiment très haut

Tu sais, Jimmy, je pourrais être toi.
Si mon grand-père s'appelait Aigle Noir
Tu sais, Shapian, je pourrais être toi.
Venez, amis, dans mon pays.
Venez, amis, dans ma maison.
Entrez, entrez, dedans mon cœur.
Dans la cour nous ferons la ronde.°
Dans nos mains nous tenons le monde.
Dans nos mains nous tenons demain.
Et nous n'aurons plus qu'un pays.
Et nous n'aurons plus qu'une maison.
Et nous n'aurons plus qu'un seul cœur.
          Henri-Pierre Hemmerling, 9 ans

° danse où l'on tourne en rond

Le Liban

Mon seul cri: fermez les usines d'armement
Qui trompez-vous?
Vous me demandez de parler aux enfants,
mais je m'adresserai à vous aussi, les grands.
Je suis encore un enfant; je ne sais pas mentir
comme vous.
Tous les enfants du monde, ô grands du monde,
ne pourraient construire ce que vous détruisez.
Et un monde meilleur, on ne pourra le rétablir
sans vous, les adultes.
Vous savez que nos cris sont inutiles
dans un monde sourd
Maintenant, mes amis, ne parlons pas d'amitié,
de paix, de solidarité,
ces paroles devraient être celles des grands.
Assez de promesses,
assez d'attente.
Venez tous leur demander de ne plus fabriquer
d'armes,
de ne plus faire éclater les guerres,
de ne plus distribuer de mensonges.
Écoutez, écoutez bien: nous sommes malades,
vous êtes malades;
mais nous sommes là.

Alors, en votre nom, nous les enfants,
nous leur demandons:
«Fermez les usines d'armements
et occupez-vous de dompter° les vents.»   calmer
La droite° nous importe peu;   la politique de droite
nous sommes des enfants.
La gauche nous importe peu.
Notre vie, dans son essence, est affection.
Mais, par votre faute,
Une voile de poussière la recouvre.
              Leila Ibrahim Semaan, 10 ans

                    Extrait du livre, *Children helping children*
              (Des enfants s'adressent aux enfants), (UNESCO), 1981.

VÉRIFICATIONS

A. Quel est, pour vous, le thème de chaque poème?

B. Relevez (Choisissez) les mots les plus frappants de chaque poème et expliquez votre choix. Ce seront les mots qui vous ont touché le plus. Les réponses seront, alors, d'ordre personnel.

DÉFIS

A. «Car celui qui a créé la guerre a pensé à l'anéantissement.»

Certains verbes de la classe régulière *ir* forment les noms correspondants en changeant le *-nt* de la 3ᵉ personne du pluriel en *-ment*. Donc, *anéantissement*, qui résulte d'*anéantissent* + *-ment*.

Donnez les noms qui correspondent à chacun des verbes suivants.

	Verbes	*Noms*
1.	assouplir (rendre souple)	
2.	assourdir (rendre sourd)	
3.	assujetir (rendre dépendant)	
4.	blanchir	

   5. franchir (passer)
   6. élargir
   7. maigrir
   8. mugir (son émis par une vache)
   9. refroidir
   10. rougir
   11. saisir
   12. salir

B. Joignez les mots qui vont ensemble, puis expliquez la relation logique.

   MODÈLE: abeille—fleur
             L'abeille est attirée par la fleur.

   abeille   haut
   destruction   couvrir
   humble   vérité
   étouffer   fleur
   puits   travail
   gratte-ciel   l'eau
   mensonge   anéantissement
   parole   cri
   voile   mot
   usine   puissant

C. «La droite nous importe peu.»

Le verbe *importe*, qui veut dire *être important* (*à* quelqu'un) se trouve dans les contextes suivants.

Qu'importe?	*What does it matter?*
Cela n'importe.	*That doesn't matter.*
Cela importe peu.	
or	*It doesn't matter much.*
Peu importe!	
Cela importe beaucoup.	*It's very important.*
Qu'est-ce que cela vous importe?	*What does that matter to you?*

Exprimez les idées suivantes en utilisant une forme du verbe *importer*.

   1. Cela n'a aucune importance.
   2. Pourquoi est-ce que vous vous intéressez à cela?

3. Cela n'a pas grande importance.
4. Cela a beaucoup d'importance.
5. Quelle est l'importance de cela?

D. Vous connaissez, bien sûr, les mots *établir, couvrir* et *point* parce qu'ils ressemblent aux mots anglais correspondants. Mais dans ces poèmes on rencontre des formes variées de ces mots. Que signifient les mots suivants: *rétablir, recouvre, pointu?* Quelles modifications ont été réalisées dans les trois cas?

STRUCTURES

PHRASES CONDITIONELLES

«Si j'avais pour ami un jeune phoque
Tu sais, Nanouk, je pourais être toi.»
Vous aurez remarqué que la première moitié du poème «Si j'avais pour ami» consiste en des phrases à l'imparfait suivi des phrases au conditionnel. Relisez le poème. Puis, utilisez la forme du poème pour en faire un autre.

Si j'avais _____ , je pourrais _____ .
Si j'aimais _____ , je pourrais _____ .
Si je trouvais _____ , je pourrais _____ .
Si je donnais _____ , je pourrais _____ .
Si je perdais _____ , je pourrais _____ .

NE... PLUS... QUE...

«Et nous n'aurons plus qu'un pays.
Et nous n'aurons plus qu'une maison.
Et nous n'aurons plus qu'un seul cœur.»

Transformez les phrases suivantes, selon le modèle.

MODÈLE: Et maintenant il y aura seulement un professeur.
Et il n'y aura plus qu'un professeur.

1. Et maintenant, il y aura seulement un jour de congé.
2. Et maintenant, il y aura seulement une leçon par jour.
3. Et maintenant, il y aura seulement une solution.
4. Et maintenant, il y aura seulement une famille.
5. Et maintenant, il y aura seulement un ami là-bas.
6. Et maintenant, nous aurons seulement nous-mêmes.

Réactions et création (À discuter ou à écrire)

A. Préparez—oralement ou par écrit—une biographie d'Odile.

B. Discutez les thèmes des poèmes d'enfants.

C. Écrivez un poème en forme de cinquain. Voici une explication et deux exemples de cinquains.

    1. *State* a subject in one word (usually a noun).

    2. *Describe* the subject in two words (often a noun and adjective or two adjectives).

    3. Describe *an action* associated with the subject in three words (often three verb forms).

    4. Express *an emotion* about the subject in four words.

    5. *Restate* the subject in another single word, reflecting what you have already said (usually a noun).

Zoo	Vacances
Singes amusants	Bonnes vacances
Faisant les acrobates	Flâner. Jouer. Vivre
Une vie bien drôle	Que je vous aime,
Cirque	Liberté!

Lexique

case *f*   hut
détruire   to destroy
dompter   to calm, tame
éclater   to explode
étouffer   to choke
gratte-ciel *m*   sky-scraper
larme *f*   tear
mensonge *m*   lie
mentir   to lie

mil *m*   millet
parole *f*   word
phoque *m*   seal
piler   to pound
poussière *f*   dust
puits *m*   well (noun)
ronde *f*   round (a dance)
tout en haut *prep phrase*   at the very top
voile *f*   veil

Cadre 8

Aperçus littéraires

LECTURES

Tous les hommes sont mortels

«Il y a par là» (un poème de Francis Jammes)

C'est difficile de passer sans s'arrêter devant une librairie.

TOUS LES HOMMES SONT MORTELS is an example of literature as an important part of culture, for what better way to learn about a culture than to see it depicted through the eyes of a sensitive artist? This café scene from a novel by Simone de Beauvoir, although based on a most fantastic plot, is narrated with the keen observational powers of a realist. Anyone even slightly familiar with Paris will quickly recognize the ambiance created by the accumulation of small details.

Tous les hommes sont mortels

Introduction

Dans ce roman de Simone de Beauvoir, il s'agit d'une actrice qui rencontre un homme bien bizarre, un type qui se dit «immortel». C'est quelqu'un qui habite dans son immeuble et qui passe ses journées dans la cour à regarder les nuages, sans manger, sans remarquer qui que ce soit. Attirée à lui par la curiosité, elle se décide à le ramener à une vie humaine. Avec son amie Annie elle fouille dans sa chambre et elle apprend qu'il a été traité à un asile et qu'il est amnésique. Elle lui parle, puis elle lui rend visite le soir. Il fait des progrès rapides. Il lui avoue qu'il est vraiment immortel et qu'il est né au VIII⁰ siècle. De plus, il le prouve en se coupant la gorge° avec un rasoir. Malgré un flot de sang abondant, il ne meurt pas. Le lendemain, la cicatrice° même disparaît. La scène suivante a lieu peu après son arrivée à Paris. Le dialogue montre la nature du lien qui se forge entre eux.

le cou

scar

Au sortir de la salle, elle respirait avec délice l'air tiède° de la rue; c'était un beau jour de février qui sentait déjà le printemps.
—J'ai soif.
—Moi aussi, dit Fosca. Où irons-nous?
Elle réfléchit; elle lui avait montré le petit bar de Montmartre où elle avait connu Annie, et le café des boulevards où elle dévorait un sandwich avant les cours de Berthier, et ce coin de Montparnasse où elle vivait au temps où elle avait joué son premier rôle. Elle pensa au restaurant des quais qu'elle avait découvert peu de jours après son arrivée à Paris.
—Je connais un endroit charmant du côté de Bercy.
—Allons-y, dit-il.
Il était toujours docile. Elle héla un taxi et il passa son bras autour de ses épaules. Il avait l'air jeune dans le complet° bien coupé qu'elle avait choisi pour lui; il ne paraissait pas déguisé: un homme pareil à tous les hommes. À présent, il mangeait, il buvait, il dormait, il faisait l'amour, il regardait et il écoutait comme

légèrement chaud

costume de veste et
pantalon

un homme. Il y avait seulement par instants une inquiétante petite lueur au fond de ses yeux. Le taxi s'arrêta et elle demanda:

—Étiez-vous déjà venu ici?

—Peut-être, dit-il. Tout est si différent. Ici autrefois, ce n'était pas encore Paris.

Ils entrèrent dans une espèce de chalet et s'assirent sur une étroite terrasse de bois qui dominait la berge.° Une péniche° était arrêtée au bord du fleuve, une   le bord du fleuve / *barge* femme lavait du linge et un chien aboyait. On apercevait de l'autre côté de l'eau des maisons basses aux façades vertes, jaunes et rouges; au loin, des ponts et de hautes cheminées.

—C'est un bon endroit, n'est-ce pas? dit Régine.

—Oui, dit Fosca. J'aime les fleuves.

—Je suis souvent venue ici, dit-elle. Je m'asseyais à cette table; j'étudiais des rôles en rêvant de les jouer un jour. Je buvais de la limonade, le vin coûtait cher et j'étais pauvre.

Elle s'interrompit:

—Fosca, vous m'écoutez?

On n'était jamais tout à fait sûr qu'il entendait.

—Mais oui, dit-il. Vous étiez pauvre, vous buviez de la limonade.

Il resta un instant, la bouche entrouverte, comme frappé par une idée impérieuse.

—Est-ce que vous êtes riche, maintenant?

—Je le deviendrai, dit-elle.

—Vous n'êtes pas riche et je vous coûte de l'argent. Il faut que vous me trouviez vite un métier.°   du travail

—Ce n'est pas pressé.

Elle lui sourit. Elle ne voulait pas l'envoyer passer des heures dans un bureau ou dans une usine, elle avait besoin de le garder à côté d'elle et de partager avec lui tous les instants de sa vie. Il était là, il contemplait l'eau, la péniche, les maisons basses; et toutes ces choses que Régine avait tant aimées entraient avec elle dans l'éternité.

—Mais j'aimerais avoir un métier, dit-il avec insistance.

—Essayez d'abord d'écrire cette pièce que vous m'avez promise, dit-elle. Y avez-vous pensé?

—Mais oui.

—Avez-vous une idée?

—J'ai beaucoup d'idées.

—J'en étais sûre! dit-elle gaiement.

Elle appela d'un signe le patron qui s'était planté dans l'embrasure° de la   ouverture porte.

—Une bouteille de champagne.

   Elle se retourna vers Fosca:

—Vous verrez, à nous deux nous ferons de grandes choses.

   Le visage de Fosca s'assombrit; il semblait se rappeler un souvenir désagréable.

—Beaucoup de gens m'ont dit cela.

—Mais moi je ne suis pas comme les autres, dit-elle avec ardeur.

—C'est vrai, dit-il très vite. Vous n'êtes pas comme les autres.

   Régine remplit les verres:

—À nos projets! dit-elle.

—À nos projets.

   Elle but, tout en le dévisageant° avec un peu d'inquiétude. C'était impossible   regardant attentivement
de jamais savoir exactement ce qu'il pensait.

—Fosca, si vous ne m'aviez pas rencontrée, qu'auriez-vous fait de vous?

—J'aurais peut-être réussi à me rendormir. Mais c'est peu probable. Il faut une
chance exceptionnelle.

—Une chance? dit-elle avec reproche. Regrettez-vous d'être redevenu vivant?

—Non, dit-il.

—C'est beau d'être vivant.

—C'est beau.

Ils se sourirent. Des cris d'enfant montaient de la péniche; dans une autre péniche, ou dans une des petites maisons coloriées, quelqu'un jouait de la guitare. Le soir tombait mais un peu de soleil s'accrochait encore aux verres pleins de vin clair. Fosca prit la main que Régine avait posée sur la table.

—Régine, dit-il. Ce soir, je me sens heureux.

—Seulement ce soir? dit-elle.

—Ah! vous ne pouvez pas savoir combien c'est neuf pour moi! J'avais retrouvé l'attente, l'ennui, le désir. Mais jamais encore cette illusion de plénitude.

—N'est-ce qu'une illusion? dit-elle.

—Peu importe! Je veux y croire.

Il se pencha sur elle, et sous ses lèvres immortelles, elle sentit se gonfler ses lèvres: ses lèvres d'enfant orgueilleuse,° de jeune fille solitaire, de femme comblée;° et ce baiser se gravait dans le cœur de Régine avec l'image de toutes ces choses qu'elle aimait. C'est un homme avec des mains et des yeux, mon compagnon, mon amant: et cependant il est immortel comme un dieu. Le soleil baissait dans le ciel: pour lui et pour moi, le même soleil. Il y avait une odeur d'eau qui montait du fleuve, au loin la guitare chantait et soudain, ni la gloire, ni la mort, plus rien n'avait d'importance sauf la violence de cet instant.

—Fosca, dit-elle, vous m'aimez?

—Je vous aime.

—Vous vous rappellerez cet instant?

—Oui, Régine, je me rappellerai.

—Toujours?

Il serra sa main plus fort.

—Dites: toujours.

—Cet instant existe, dit-il, il est à nous. Ne pensons à rien d'autre.

> Simone de Beauvoir
> Extrait de *Tous les hommes sont mortels*
> Éditions Gallimard

(notes de marge) orgueilleuse: fière · comblée: très satisfaite

VÉRIFICATIONS

A. Fosca est un homme docile. Relevez les détails qui soutiennent cette thèse.

B. Trouvez une allusion indirecte à l'amnésie de Fosca.

C. Voilà les protagonistes assis sur la terrace du chalet. Que voient-ils? Qu'entendent-ils?

D. Trouvez la phrase qui révèle la saison.

E. Comment savons-nous que Régine a frequenté ce chalet dans le passé?

F. «On n'était jamais tout à fait sûr qu'il entendait.» De qui est-ce la pensée?

G. Pourquoi est-ce que Fosca veut un métier? (Que dit-il là-dessus?)

H. Pourquoi est-ce que Régine n'en est-elle pas d'accord? (Que dit-elle là-dessus?)

I. Qu'est-ce que Fosca pense de l'avenir?

J. On croit que Fosca est immortel. Quel intérêt Régine porte-t-elle à ce fait?

DÉFIS

A. «Au sortir de la salle, elle *respirait* avec délice l'air tiède.» Pourquoi Simone de Beauvoir n'a-t-elle pas dit *a respiré*?

B. «Je connais un *endroit* charmant...» Un endroit est un hôtel / un lieu.

C. «Il y avait seulement par instants une inquiétante petite *lueur* au fond de ses yeux.» Vous ne reconnaissez pas le mot *lueur* mais réfléchissons au contexte. La narratrice vient de dire que Fosca avait l'air normal. «Il y avait seulement...» introduit une petite note contraire à cette idée. N'oublions pas qu'il s'agit toujours d'un homme «immortel.» Nous savons d'ailleurs que cette «lueur» se trouve dans ses yeux. *Lueur* signifie donc une marque / une lumière.

D. «Ils *entrèrent* et... *s'assirent*...» Ces verbes s'emploient:

   1. au passé simple
   2. au présent

E. «(Ils s'assirent) sur une étroite terrace qui *dominait* la berge.» Le sens précis de *dominait* est:

   1. contrôlait
   2. était plus élevé que

F. «Ce n'est pas pressé.» Cela veut dire que:

   1. ce n'est pas prêt.
   2. ce n'est pas urgent.

G. «Le visage de Fosca *s'assombrit*.» Le mot *s'assombrit* est basé sur le radical *sombre*. De plus, la phrase suivante suggère un peu le sens du verbe: «il semblait se rappeler un souvenir désagréable.» Alors, *s'assombrit* veut dire devient triste / s'allume.

H. «...et ce baiser *se gravait* dans le cœur de Régine avec l'image de toutes les choses qu'elle aimait.» Ce verbe exprime le rapport entre *baiser* et *cœur*. Quelle action peut lier ces deux choses? Alors, *se gravait* veut dire se demandait/se fixait.

I. **Mots apparentés.** Pour chaque mot ci-dessous, trouvez dans la lecture un mot de la même famille lexicale.

reprocher	signer
immortalité	insister
attendre	promettre
solitude	inquiéter
couleur	respiration

STRUCTURES

IMPERSONAL *IL*

The subject pronoun *il* usually means "he." However, it can also be used impersonally, meaning either "it" or "there."

«... *il* s'agit d'une actrice qui rencontre un homme bien bizarre.»

Traduisez en anglais les phrases suivantes.

1. Comme toi, il est toujours en retard.
2. Il paraît qu'il pleuvra.
3. Il se peut que j'aie tort.
4. Là-bas il arrive des choses extraordinaires.
5. Il est malade.
6. Il fait un temps délicieux à cette époque-ei.
7. Il s'agit de l'examen final.
8. Il ne croit pas à cela.

VERBS WITH *À* AND *DE*

«... et qui passe ses journées... *à* regarder les nuages»
«Essayez d'abord *d'*écrire cette pièce...»

Complétez chaque phrase avec la préposition convenable.

1. Vous m'avez promis _____ écrire une lettre.
2. Régine cherche _____ comprendre Fosca.
3. Fosca a réussi _____ vivre encore.

4. Il n'a pas peur _____ mourir.
5. Ils continuent _____ vivre ensemble.
6. Fosca hésite _____ penser à l'avenir.
7. Il avait cessé _____ vivre.
8. Elle l'aide _____ vivre encore.
9. Elle lui proposa _____ s'installer à Paris.
10. Il a accepté _____ l'y accompagner.

Lexique

aboyer   to bark
asile *m*   asylum
gorge *f*   throat
immeuble *m*   apartment house
linge *m*   linen

(se) pencher   to bend
pont *m*   bridge
(se) rendormir   to fall back to sleep
serrer   to squeeze
type *m*   guy

IL Y A PAR LÀ takes us in imagination to the French countryside. It is sometimes said that the French make poor travelers because they tend to compare other places to «la douce France.» Inheritors of an old and rich civilization, they also like to indulge in reminiscences about life as it used to be, comparing «les bons vieux temps» to the sadder aspects of contemporary living. In this poem by Francis Jammes we have a good example of a nostalgic remembrance of a lost aristocratic village life.

Il y a par là

Il y a par là un vieux château triste et gris
comme mon cœur, où quand il tombe de la pluie
dans la cour abandonnée des pavots° plient   plantes tropicales
sous l'eau lourde qui les effeuille et les pourrit.°   fait se décomposer

Autrefois, sans doute, la grille était ouverte,
et dans la maison les vieux courbés se chauffaient
auprès d'un paravent° à la bordure verte   *fireplace screen*
où il y avait les quatre saisons coloriées.

On annonçait les Percival, les Demonville
qui arrivaient, dans leurs voitures, de la ville.
Et dans le vieux salon soudain plein de gaieté,
les vieux se présentaient leurs civilités.

Puis les enfants allaient jouer à cache-cache°   *hide-and-seek*
ou bien chercher des œufs. Puis dans les froides chambres
ils revenaient voir les grands portraits aux yeux blancs,
ou, sur la cheminée, de drôles coquillages.°   *shells*

La mère qui vivait encore se souvenait
de ce cher fils mort presque au moment des vacances,
à l'époque où les feuilles épaisses se balancent
dans les grandes chaleurs auprès des ruisseaux° frais.   petits cours d'eau

Pauvre enfant! —disait elle— il aimait tant sa mère,
il évitait toujours de faire de la peine.
Et elle pleurait encore en se rappelant
ce pauvre fils très simple et bon, mort à seize ans.

Maintenant la mère est morte aussi. Que c'est triste.
C'est triste comme mon cœur par ce jour de pluie,
et comme cette grille où les pavots roses plient
sous l'eau de pluie lourde qui luit et qui les pourrit.
                              Francis Jammes
                    Extrait du livre *De l'angélus de l'aube à l'angélus du soir*

VÉRIFICATIONS

A. Quels détails dans la première strophe (*stanza*) évoquent la tristesse?

B. Quels mots de la 2ᵉ strophe suggèrent une vie animée?

C. Quelles résonances (émotions) y a-t-il dans le mot *vieux* de la 1ᵉʳᵉ et la 3ᵉ strophe?

D. Comment les enfants s'amusaient-ils à ces occasions-là?

E. Quels détails témoignent de l'intérêt du poète dans les îles tropicales?

F. Quelles images résument la tristesse du poète à la fin du poème?

DÉFIS

A. «... quand il tombe de la pluie...» C'est un exemple de la syntaxe poétique. Comment dirait-on la même chose dans un langage plus courant (ordinaire)?

B. *Autrefois* (2ᵉ strophe) est un adverbe qui situe la scène dans le temps.
    1. Quels autres mots temporels se trouvent dans le poème?
    2. Lequel ramène le lecteur au présent?

C. Il y a deux points de vue ou scènes dans ce poème. Lesquels?

D. «... des pavots *plient*.» Vous ne connaissez peut-être pas le mot *plient* mais vous savez que c'est un verbe, une action du sujet *pavots*. Vous savez également que cette action est causée par la pluie («sous l'eau lourde»). Finalement, la forme du mot est familier par sa ressemblance à des mots anglais— *pliers, pliable*, etc. Alors, *plient* signifie:
    1. s'inclinent   2. plaisent

E. Le chauffage central est moins courant en France qu'ici. Relevez le détail qui s'accorde avec ce fait.

F. Quel vers dit qu'un enfant avait été sage?

G. «... les vieux se présentaient leurs civilités.» Cela veut dire:
    1. qu'ils dissimulaient la politesse.   2. qu'ils causaient poliment.

H. «... sous l'eau lourde qui les *effeuille*...» C'est peut-être la première fois que vous rencontrez le verbe *effeuille*. Vous y reconnaissez quand même le radical *feuille (leaf)*. Alors, le verbe signifie:
    1. avoir des feuilles.   2. enlever les feuilles.

STRUCTURES

RÉVISION DE MOTS STRUCTURAUX

Complétez les phrases suivantes avec un mot structural trouvé dans le poème.
    1. C'est vrai, _____ aucun doute.
    2. Les voilá en tête-à-tête _____ de la cheminée.

3. Voilà les Cloutier _____ arrivent.
4. Il a mené une vie pleine _____ joie.
5. Le roseau (*reed*) se pliait _____ la pluie.
6. Elle vécut _____ une époque plus simple.
7. C'est joyeux _____ un jour de mai.
8. Il est mort _____ vingt ans.
9. C'est _____ là, le musée.
10. Le professeur ramasse les devoirs _____ début de la classe.

Réactions et création (À discuter ou à écrire)

A. Quand Régine dit «À nos projets», à quoi pourrait-elle penser? Quelles sont ses ambitions? Comment peut-on les expliquer?

B. Énumérez les images visuelles de ce poème. Après avoir construit une liste de détails, incorporez chaque fait dans une phrase complète.

> MODÈLE: les vieux courbés
> *Les vieux qui habitent la maison ont le dos courbé.*

B. **Jouons...**

1. Composez des vers, des phrases, ou des images qui se terminent par le son /i/. Mots à utiliser: *gris, pluie, plie, pourrit, sentit, finit,* etc.

> MODÈLE: Il a entendu un cri
> Puis,
> Il s'est rendormi.

2. Composez des vers, des phrases, ou des images qui se terminent par le son /y/. Mots possibles: *vu, lu, nu, rendu, vendu,* etc.

Lexique

antérieur *adj*   prior
auprès de *prep*   near
bien que *conj*   although
cour *f*   courtyard
épais(se) *adj*   thick
pleurer   to weep

Cadre 9
L'Éducation

LECTURES

Des étudiants du Lycée Henri IV à Paris

LETTRE OUVERTE AUX FUTURS ILLETTRÉS addresses the always challenging topic of education. Much has been said recently about the crisis in American education. Observers of the French scene report a spate of similar warnings. Student riots in May, 1983 were caused by proposed educational changes. The following selection is an extract from a best-selling French book. If it sounds familiar, the reader will nonetheless find in it a distinctly French voice.

Lettre ouverte aux futurs illettrés

Jacques,

Je te rencontre tous les jours dans la rue. Tu te rends° sans doute au lycée. Tu aurais pu être mon élève. Si je n'avais pas eu une gorge en papier de soie,° je serais toujours prof. Mais, en méridional transplanté à Paris, je traînais d'angine° en grippe. Je n'avais pas la force de parler une heure.

Je t'écris parce que j'étouffe. Parce que tu es toi et tous les autres. Né plus tôt, tu serais peut-être moi.

J'ai quitté l'enseignement comme un blessé de guerre, la gorge en miettes.° Mais je suis resté dans l'âme «membre du corps enseignant».

Pourquoi te nommer «Jacques»? «Jacques»: ancien nom du paysan français. A travers toi, je parle à tous les Français. Ils descendent presque tous de paysans, même si, comme toi, à Paris ils sont devenus de la poussière d'asphalte.

Pourquoi t'avoir choisi pour parler à tous les Français? Parce que tu es l'avenir. L'école, lieu capitale de la société. En cas de troubles, on garde militairement les centraux électriques et téléphoniques, les gares, les aéroports, la Radio, la Télévision. On devrait garder les écoles. Les voilà, les vraies centrales nucléaires.

On a comparé jadis° les Français à des coqs. De Gaulle les verra en veaux.° Moi en taupes.° La taupe est un petit mammifère aux yeux minuscules qui n'y voit guère. Elle vit sous terre en creusant des galeries.°

Je te nomme orphelin, Jacques. Notre société t'a livré à des mercenaires. Quel que° soit leur dévouement, que je salue jusqu'à la terre, comment les nommer autrement? MERCENAIRE: Qui ne travaille que pour un salaire! «Les mères n'ont plus nourri leurs enfants. Il a fallu les confier à des femmes mercenaires.» (Rousseau) Nourriture mercenaire (lait de vache, lait en poudre).

Les enfants squelettes du Cambodge sont des affamés° physiques. Même gavé à la tétine,° tu resteras toute la vie, un affamé psychique.

vas
voix faible
mal de gorge

petits morceaux

dans le passé / petit de la vache
mole
en faisant des tunnels

whatever

êtres qui ont faim
nourri par ta mère

Un muet. Tu inaugures l'ère audiovisuelle par un fiasco. AUDIO: ENTENDRE. Les ingénieurs du son ont affiné° pour toi ces miracles: des micros si sensibles qu'ils entendent... l'herbe pousser. On tend vers toi des forêts de micros. Tu y éructes° des «beuh! meuh! bof!» Si on insiste, tu arrâches de tes chausses° «vachement, dégueulasse, marrant, des trucs, des machins».° Quand, par hasard, tu es d'accord, tu n'as même pas la force de joindre les lèvres. Tu coasses un crachat:° OUAIS.

    Puis tu retombes dans le silence.

    Muet, on t'a rendu sourd. Tous les médecins en témoignent.° Les adultes et les pouvoirs publics haussent° les épaules apitoyées devant la sonorisation délirante qui ravage les music-halls, cabarets, dancings, cinémas, restaurants, magasins... L'Occident s'inflige des Hiroshima de décibels...

    Cette inondation de bruit te submerge par le canal de ton transistor, gueulant à pleins tubes.° Défoliation de ta flore intérieure, aussi terrifiante que celle des forêts du Vietnam ou de l'Afghanistan sous le napalm. Écrasement de ta musique personnelle... qui, dans le silence, t'aurait préparé à la création.

    Paul Guth
    Extrait de *Lettre ouverte aux futurs illettrés*
    Éditions Albin Michel

développé

émets / tires de ton pantalon

mots argotiques: très, dégoûtant, drôle, des choses, des choses / croak

le prouvent
lèvent

criant fortement

VÉRIFICATIONS

A. Trouvez la phrase qui dit...

  1. que l'auteur vient du Midi.
  2. qu'en enseignant, l'auteur n'était pas en bonne santé.
  3. que l'auteur ne s'adresse pas uniquement à Jacques.
  4. que l'auteur se voit toujours comme professeur.
  5. que l'école est l'institution la plus vitale de la société.
  6. que l'auteur n'estime pas beaucoup les Français.
  7. ce que c'est qu'un mercenaire.
  8. que Jacques s'exprime mal.
  9. que Jacques a perdu le sens de l'ouïe (*hearing*).
 10. que Jacques ne se connaît pas bien.

B. Trouvez le mot dans le texte.

  1. un spectacle ridicule   _____
  2. fournir une preuve   _____
  3. qui rend fou   _____

4. «je ne peux respirer»   _____

5. des choses (argot)   _____

6. partie du corps   _____

7. classe inférieure   _____

8. très petit   _____

9. qui a très faim   _____

10. destruction   _____

C. **Exercice de reconstitution.** Dans ce passage il y a des pensées exprimées d'une façon incomplète. Par exemple, «Pourquoi te nommer Jacques?» Evidemment, l'expression complète de cette idée serait «Pourquoi est-ce que je te nomme Jacques?» Récrivez les idées suivantes en les incorporant dans des phrases complètes.

1. Né plus tôt...

2. Jacques, ancien nom du paysan français.

3. L'école, lieu capitale de la société.

4. Moi, en taupes.

5. MERCENAIRE: Qui ne travaille que pour un salaire.

6. AUDIO: ENTENDRE.

7. Écrasement de ta musique personnelle... qui, dans le silence, t'aurait préparé à la création.

_____

Conclusion: À votre avis, pourquoi l'auteur emploie-t-il tant de fragments?

_____

DÉFIS

A. Tirez de la liste suivante des *paires* de mots (ou de locutions) qui ont un rapport, puis mettez-les dans des phrases complètes.

MODÈLE: grippe—manque de force
          J'ai un manque de force à cause de la grippe.

mercenaire   Français   centrales nucléaires   taupe   miracles
muet   paysans   sourd   sous terre   ingénieurs   écoles
orphelin   avenir   société

B. Prononcez les mots suivants et donnez les mots anglais correspondants.

inondation	minuscule	audiovisuelle	inflige
défoliation	mercenaire	miracle	doute
création	salaire	micro	grippe
ravage	psychique	accord	méridional
sensible	squelette	délirante	nucléaire

C. Chaque mot suivant est susceptible d'être joint à une des terminaisons données. Joignez chaque mot à une terminaison et expliquez les changements orthographiques (*spelling*) nécessaires.

1. doute   -able
2. vache   -ieux
3. écoles   -ation
4. comparé   -eux
5. travaille   -ance
6. confier   -uleux
7. silence   -ment
8. miracles   -ier
9. bruit   -eur
10. préparé   -yant

D. «Tu aurais pu être mon élève.» Quelle serait la suite logique de cette phrase, d'après les informations du texte?

1. J'en ai plusieurs.
2. Tu m'aimes.
3. Mais, hélas, tu ne l'es pas.

E. Sans regarder le texte, remplissez les blancs avec la préposition convenable.

1. Tu te rends _____ lycée.
2. _____ cas de troubles...
3. Ils descendent tous _____ paysans _____ toi.
4. Je te rencontre _____ la rue.
5. On a comparé les Français _____ des coqs.
6. Tu inaugures l'ère audiovisuelle _____ un fiasco.
7. J'ai quitté l'enseignement _____ un blessé de guerre.
8. De Gaulle les verra _____ veaux.
9. Je traînais _____ angine _____ grippe.
10. À _____ toi, je parle à tous les Français.

STRUCTURES

AVOIR + N + DE + V

The verb *avoir* often introduces a noun which, in turn, is further defined by the structure *de* + infinitive, as in the example below. Here are some nouns that commonly follow *avoir* in that way: bonne fortune, envie, les moyens, la possibilité, la responsabilité, raison (ou tort), le temps.

«Je n'avais pas la force de parler une heure.»

Complétez les phrases avec des réponses vraies et personnelles.

1. J'ai la bonne fortune de _____ .
2. J'ai envie de _____ .
3. J'ai les moyens de _____ .
4. J'ai la possibilité de _____ .
5. J'ai la responsabilité de _____ .
6. J'ai raison de _____ .
7. J'ai le temps de _____ .

SPECIAL USE OF THE SUBJUNCTIVE

A special use of the subjunctive is in clauses introduced by an indefinite relative equivalent to an English word ending in *ever*. (Whoever, whatever, etc.) The most common French expressions are:

qui que   quoi que
quel que   si + adj. or adv. + que

«Quel que *soit* leur dévouement...»

Combine the following elements to form complete sentences. Put the verb in the correct form of the subjunctive mood. Remember that *quel* is an adjective and must agree with the predicate noun that follows it.

1. Quel que—être—la conclusion, je—ne pas avoir—regrets.
2. Qui que—vous—être, il faut—suivre les règlements.
3. Quoi que—je—faire—, je—ne pas réussir.
4. Si—bon—que—vous—être, vous—ne pas être—le meilleur.
5. Quoi que—vous—penser d'elle—, elle—faire de son mieux.
6. Quel que—être—nos convictions, il faut penser—autres.
7. Qui que—vous—être, il faut attendre.

Lexique

affamé *adj* or *n*   hungry
angine *f*   sore throat
âme *f*   soul
apitoyées *adj*   pitiful
avenir *m*   future
blessé *m*   wounded person
central *m*   utilities station
coq *m*   rooster
creuser   to dig
écrasement *m*   squashing
galerie *f*   underground tunnel

gavé *past part*   fully fed
gorge *f*   throat
jadis *adv*   formerly
livrer   to hand over
miette *f*   little piece
pousser   to grow
(se) rendre   to go
soie *f*   silk
taupe *f*   mole
(gavé à la) tétine *f*   breastfed
veau *m*   calf

HISTOIRE: POURQUOI NOS ENFANTS NE SAVENT PLUS RIEN illustrates vividly that
the educational battle lines are nowhere more sharply drawn than in discussions
on the teaching of history. Many French people have noted with alarm the
increasing ignorance of French history by the young. For a society that prides
itself on a common cultural heritage (the word *culture* implies, for the French, the
acquisition of basic historical, literary, and artistic facts), the new scene is nothing
less than scandalous. This particular article both documents the problem and
hints at underlying causes.

Histoire: Pourquoi nos enfants ne savent plus rien

«Jeanne d'Arc, connais pas!» L'enseignement du passé a bien changé, dans les
écoles. Certains poussent un cri d'alarme. À temps?

   «On n'apprend plus l'histoire à nos enfants.» Il a suffit qu'Alain Decaux
pousse un cri d'alarme dans nos colonnes du *Figaro* magazine pour que se
déclenche° un vaste mouvement d'opinion.   commence

«Jeanne d'Arc? Je connais vaguement. Elle a gagné pas mal de victoires. Puis elle a été prise. On dit qu'elle a été brûlée par les Anglais, mais c'est pas sûr. C'est une énigme. Je ne sais pas les détails. De toute façon, je n'en ai jamais parlé en classe.» Guillaume en 5ᵉ. Vercingétorix, Charlemagne, Saint Louis, Henri IV sont inconnus après six ans d'école. Les esprits forts° rétorquent que Guillaume n'a pas besoin de connaître ces personnages pour vivre aujourd'hui.   intellectuels

Pendant longtemps, l'histoire enseignée dans les écoles faisait succéder les guerres, les dates, les dynasties royales. L'ennui régnait dans les classes, le cours d'histoire était une corvée.° Maintenant les chercheurs en pédagogie ont concocté   travail pénible de nouveaux programmes. À l'école élémentaire on enseigne la langue française (9 heures), les mathématiques (6 heures), les activités d'éveil (7 heures), l'éducation physique (5 heures). Les activités d'éveil regroupent les activités manuelles, esthétiques, et «l'investigation de l'environnement». On le voit, il n'y a pas grande place pour l'histoire.

Les enfants, quant à eux, apprécient un enseignement qui les éclaire sur le milieu dans lequel ils vivent. Au collège (premier cycle, *junior high*), on a réduit le temps des sciences sociales de trois heures et demie à trois heures.

À la demande de la revue *L'Histoire*, des spécialistes ont analysé le contenu des manuels de 6ᵉ. Catherine Chadefaud, égyptologue, est sévère: «À lire les livres proposés, l'Égypte apparaît comme une riche oasis de paix perdue au milieu d'un immense désert dont aucun peuple étranger n'aurait jamais imaginé faire la conquête. Réveil brutal quand, à la fin des manuels, on aborde la civilisation romaine... Comment (l'Égypte) est-elle tombée dans le giron° romain? Mystère!»   contrôle

Au terme du premier cycle un élève a entendu parler de l'histoire du monde entier, de toutes les grandes civilisations, de la géographie physique et de l'économie de tous les pays. Mais qu'est-ce qu'il a retenu de ce déferlement°   inondation d'informations? «On essaye de nous faire connaître beaucoup de choses en une année, pense Frédéric(5ᵉ), au lieu de faire par étapes.° L'année dernière, on avait   degrés un livre qui allait de la préhistoire au présent de la République. C'est trop vite. Je préférerais qu'on ait une demie-heure chaque semaine l'histoire de France seulement...»

Des kyrielles de dates inutiles à une vision globale mais abstraite du monde, l'enseignement des sciences sociales est passé d'un excès à un autre.

Alors où est le problème? On n'a jamais vu une entreprise changer ses méthodes ou ses matériels sans former son personnel. C'est exactement ce qui s'est passé. L'association des professeurs d'histoire dresse un bilan° noir: les instruc-   donne un rapport tions rédigées° en jargon laissent les enseignants en désarroi; les nouvelles   écrites

Avec les nouveaux programmes, il ne reste plus beaucoup de place à l'école pour l'histoire.

méthodes impliquent l'utilisation de plus de documents, films, diapositives°, mais les crédits restent faibles.

photocopies destinées à projection

France de Lagarde
Extrait et adapté de *La Vie*

VÉRIFICATIONS

A. Quelle idée *ne fait pas* partie du premier paragraphe?

    1. L'enseignement de l'histoire est différent aujourd'hui.
    2. Le problème est bien reconnu.
    3. Les élèves contemporains savent moins que jadis.
    4. Certains prétendent que le problème est grave.

B. Laquelle de ces phrases est vraie?

    1. On n'a pas parlé de Jeanne d'Arc dans la classe de Guillaume.

2. Il n'est pas sûr que Jeanne d'Arc ait été brûlée par les Anglais.

C. Trouvez la phrase qui *n'est pas* vraie.

   1. Maintenant on insiste sur les faits dans les classes d'histoire.
   2. Le cours d'histoire est aujourd'hui moins difficile.
   3. Les activités manuelles font partie des activités d'éveil.

D. Laquelle de ces phrases expriment le mieux l'attitude des enfants?

   1. Ils regrettent la réduction du temps pour les cours d'histoire.
   2. Ils préfèrent les cours qui illuminent le monde actuel.

E. Quelle est la critique de l'égyptologue, Catherine Chadefaud?

   1. On ignore l'histoire d'Egypte.
   2. En traitant l'histoire d'Egypte, on donne une fausse impression du pays.

F. Quelle est la critique de l'élève Frédéric?

   1. On fait trop en trop peu de temps.
   2. Les élèves ne se souviennent de rien.

G. Alors, quel est le problème fondamental, selon l'auteur?

   1. Il n'y a pas assez de professeurs d'histoire.
   2. Les instructions ne sont pas claires.
   3. Les professeurs d'histoire manquent de formation convenable aux besoins du poste.

DÉFIS

A. Relevez dans le texte les mots français qui correspondent à ces mots anglais et prononcez-les bien.

alarm	dynasties	Roman	social sciences
vaguely	manual	Egypt	civilizations
columns	aesthetic	immense	information
victories	environment	conquest	dates
enigma	appreciate	brutal	enterprise

B. Complétez avec des mots français relevés au cours de l'exercice précédent.

   1. Qui a sonné _____ ?
   2. Il ne faut pas polluer _____ .
   3. Les élèves d'aujourd'hui n' _____ pas l'histoire.
   4. J'ai toutes les _____ nécessaires.
   5. Nous étudions la civilisation _____ .

C. Choisissez le mot convenable pour compléter chaque phrase.

   1. D'après l'auteur, il semble qu'un mouvement conservateur se réduise/se déclenche en France.
   2. Autrefois les élèves considéraient l'histoire comme une corvée/un réveil.
   3. Un chercheur est quelqu'un qui étudie/fait des recherches.
   4. «Faire par étapes» veut dire faire petit à petit/tout à la fois.
   5. Un «bilan» noir veut dire probablement une prédiction/un tableau.

D. Jeanne d'Arc a gagné *pas mal* de victoires. Cele veut dire qu'elle a gagné peu/ beaucoup de victoires.

E. *Rétorquent* veut dire répondre/répéter.

F. **Famille de mots:** chercher, rechercher, recherches

   1. Quel est le sens de chaque mot?
   2. Comment la prononciation des mots français diffère-t-elle de la pro- nonciation des mots anglais correspondants?

G. Le morphème(la forme) *enseign-* se trouve cinq fois dans la lecture. Trouvez tous les mots qui le contiennent et dites ce que signifie chaque mot.

H. Pour chaque mot ou expression ci-dessous, trouvez un synonyme dans la lec- ture ou dans le titre.

enseigner	aimer
beaucoup	diminuer
un problème	commencer un sujet particulier
quand même	aller
faire assez mal	une vue
beaucoup d'espace	confusion

I. «Des kyrielles de dates inutiles à une vision globale mais abstraite du monde...» Le structure de cette proposition est: De *X* à *Y*. Vous ne connaissez pas le mot *kyrielles* mais vous comprenez quand même le sens général de la phrase parce que vous connaissez tous les autres mots, i.e., *le contexte.* Devinez le sens général du mot *kyrielles* et expliquez comment vous y êtes arrivé.

   1. *Kyrielles* veut dire probablement beaucoup/peu de choses.
   2. Est-ce qu'il y a un (ou des) contraste(s) quelque part dans cette phrase?
   3. Quelles deux méthodes pour apprendre l'histoire sont identifiées dans la phrase? Résumez chaque méthode par une phrase complète.

J. Dans la dernière phrase, la proposition «mais les crédits restent faibles» vous est peut-être ambiguë, parce que *crédits* a plus d'un sens dans le dictionnaire. Lequel de ces sens est le plus probable dans le contexte présent?

    1. délai dans le paiement
    2. sommes de budget qui peuvent être dépensées
    3. appréciation générale

Question: Comment êtes-vous arrivé à cette réponse?

STRUCTURES

CAUSATIVE *FAIRE*

The basic meaning of the causative *faire* is to have someone do something or to have something done. Note that noun objects always follow the whole verbal phrase while pronoun objects always precede the particular form of *faire*.

«Pendant longtemps l'histoire enseignée dans les écoles *faisait succéder* les guerres, les dates...»

Using the causative *faire* structure, state that the following people cause the following things to be done by certain others.

    MODÈLE: Les professeurs   travailler   élèves
                Les professeurs font travailler les élèves.

    1. L'histoire   penser   nous
    2. L'histoire   éclairer   les évènements actuels
    3. Un mauvais professeur   régner   ennui
    4. Charlemagne   établir   écoles
    5. Trop de faits   oublier   toute la leçon
    6. Un bon professeur   penser   ses étudiants

ENTENDRE PARLER

Entendre parler veut dire "hear tell of" or "hear about". Notez que l'objet de ce verbe suit la préposition *de*.

«Un élève a *entendu parler* de l'histoire du monde.»

Ask someone where he/she has heard about the following things.

1. la Guerre de Cent Ans
2. la Renaissance
3. le Règne de Louis XIV
4. la Directoire
5. les Impressionnistes
6. la force de frappe

LE SUBJONCTIF

One use of the subjunctive mood is to express *will* or *desire*.

"Je préférerais qu'on *ait* une demi-heure chaque semaine l'histoire de France".

Restate (or re-write) the following sentences, adding the expression in parentheses.

1. Tu prend des notes. (Je préfère)
2. L'histoire est intéressante. (Les élèves veulent)
3. Les profs sont mieux formés. (Les critiques souhaitent)
4. On fait par étapes. (Les élèves aiment mieux)
5. On lit plus d'histoire. (Il est désirable)
6. Vous écrivez un essai historique. (Je veux)

Lexique

aborder   to meet (undertake)
bilan *m*   report
chercheur *m*   researcher
éveil *m*   awakening

former   to train
pas mal (de) *adv pron*   much, many
régner   to reign

LE STRESS: PREMIÈRE MALADIE CHEZ LES ENSEIGNANTS describes a problem that in a June, 1983 issue of *Time* was deemed important enough to make the front cover. This short article from a French newspaper reports the devastating effects of stress. It also discusses briefly the problem of stress for teachers in France. After reading this article, think about the three themes of this *cadre*. Is there a relationship between illiteracy, decreasing emphasis on history, and stress in the learning environment? If so, what causes what?

Le Stress: Première maladie chez les enseignants

Le stress, considéré par certains spécialistes comme une maladie professionnelle, est devenu, pour certains enseignants de la plupart des pays industriels et de beaucoup de pays en développement, la première cause d'accidents du travail et la première maladie professionnelle, rapporte une étude du Bureau international du travail.

Les symptômes les plus courants d'un état de stress sont des sentiments de fatigue, de frustration et de tension nerveuse. Sur le plan physique, les consé-

La personne qui enseigne aujourd'hui risque de tomber victime d'un état de stress.

quences peuvent être très graves: hypertension, ulcères, affections coronaires et rénales° et problèmes au niveau des organes locomoteurs.   *kidney*

Du point de vue mental, un état de stress non soigné° peut être à l'origine   *traité*
d'angoisses profondes, de dépressions ou d'autres névroses.

Le stress a de nombreuses causes, toutes liées aux fortes pressions qui s'exercent dans le milieu scolaire comme en dehors de l'école. Au niveau de l'établissement, on relève° des problèmes de discipline, de violence de classes surchargées° et   *identifie / avec trop*
d'horaires contraignants, à quoi viennent s'ajouter les bas salaires, les faibles per-   *d'élèves*
spectives d'avancement et l'insécurité de l'emploi. «Les enseignants», ajoute l'étude, «supportent de moins en moins bien le harcèlement° des parents et   *agitation*
responsables politiques.»

L'un des aspects les plus inquiétants des difficultés que doivent affronter les enseignants est la montée de la violence dans les établissements scolaires. Aux États-Unis, par exemple, environ 5% du personnel enseignant des écoles publiques du pays auraient été victimes d'agressions en 1979-1980.

Extrait du *Figaro*

VÉRIFICATIONS

A. Donnez le plus simplement que possible le sujet, le verbe, et l'objet de la première phrase. Supprimez tous les mots inutiles.

B. Sans regarder le texte, identifiez chaque condition ci-dessous comme (1) un symptôme ou (2) une conséquence du stress.

1. ulcères
2. tension nerveuse
3. problèmes aux organes locomoteurs
4. hypertension
5. fatigue
6. affections coronaires et rénales

C. Quelle phrase de la lecture dit qu'il ne faut pas négliger le stress?

D. Qu'est-ce qui *n'est pas* une pression contribuable au stress pour les enseignants?

1. les bas salaires
2. les classes surchargées
3. les congés
4. les horaires contraignants

E. Quelle pression a été soulignée dans la lecture?

    1. les problèmes physiques
    2. la violence
    3. les perspectives d'avancement
    4. les affections coronaires

DÉFIS

A. **Mots brouillés.** Construisez une phrase logique à l'aide des mots brouillés.

    1. la trouve industriels dans se des le pays stress plupart
    2. stress faire faut le soigner il
    3. professeurs bas souffrent les de salaires
    4. surchargées stress contribuent les au classes
    5. établissements alarmante est la la dans montée les violence scolaires de

B. 1. Trouvez dans la lecture et prononcez bien les mots français correspondant à chaque mot anglais suivant:

public	pressure	anguish	grave
victim	establishment	hypertension	symptom
aggression	perspective	ulcer	coronary
violence	insecurity	nervous	organ
salary	depression	fatigue	cause

    2. Dressez une liste de tous ces mots dont l'orthographe en français diffère de l'orthographe en anglais.

C. «Au *niveau* de l'établissement...» Vous devez connaître le mot *niveau*. Il y a, dans la lecture, un synonyme de ce mot. Lequel est-ce?

D. Certains mots de la lecture ressemblent aux mots anglais mais ils ont un sens plus ou moins différent du mot anglais ou de la forme donnée. Quelle est la signification précise des mots ou locutions suivants:

responsables (nom)	affronter
environ	s'exercent
inquiétant	courants
emploi	maladie
contraignants	en développement

Prononciation

Il y a une liaison obligatoire dans les cas suivants.
1. Après un déterminatif suivi d'un nom, pronom, ou adjectif qui commence avec une voyelle: vos étudiants   les autres   un ancien ami
2. Entre le pronom personnel et le verbe: ils ont répondu
3. Entre le verbe et le pronom personnel: vient-elle   parlons-en
4. Entre le pronom personnel et *y* ou *en*: vous y êtes   on en discute
5. Entre une préposition et un déterminatif: dans une école
6. Dans certaines formes invariables: tout à coup   petit à petit les États-Unis

Les enseignants   des écoles   Aux États-Unis   de moins en moins

Trouvez dans le livre 25 exemples de liaisons obligatoires. Lisez-les à la classe.

STRUCTURES

LE SUPERLATIF

1. The superlative degree of adjectives that *precede* the noun is formed as follows: definite article + plus/moins + adjective + noun.

    C'est le plus long film que j'ai jamais vu.

2. If the adjective normally *follows* the noun it modifies, the superlative degree is formed: definite article + noun + def. art. + plus/moins + adjective.

    Les symptômes les plus courants....

Dans chaque phrase, mettez l'adjectif à la forme superlative et faites les changements nécessaires.

   MODÈLE: Il cause une angoisse profonde.
              Il cause l'angoisse la plus profonde.

1. Cela amène des pressions fortes.
2. C'est une classe surchargée.

3. C'est un horaire contraignant.
4. Le stress est une maladie soignée.
5. La violence est un aspect inquiétant.
6. La mort est une conséquence grave.
7. Les professeurs sont harcelés.
8. Le stress est une maladie professionnelle.

DE VS. *DES*

In general *some* or *any* plus a plural noun is expressed by *des*. However, before a plural noun modified by a *preceding* adjective, *des* is reduced to *de*.

d'autres névroses   de nombreuses causes

Most expressions of quantity like *beaucoup, peu, assez,* etc. are followed by *de* (i.e., the definite article is *omitted*). The two common exceptions are *la plupart des* and *bien des* (many).

beaucoup de temps   la plupart des pays

Complete each sentence using *de* or *des*.

1. Bien _____ problèmes résultent du stress.
2. Le stress amène _____ conséquences graves.
3. Le stress a peu _____ avantages.
4. Il y a _____ autres enseignants comme ça.
5. C'est la grande cause _____ maladies.
6. Il a _____ gros problèmes.
7. La plupart _____ professeurs souffrent du stress.

Réactions et création (À discuter ou à écrire)

A. D'accord ou non? Les écoles sont «les vraies centrales nucléaires».
B. D'accord ou non? Les professeurs ne sont que des mercenaires.
C. À soutenir: L'histoire est indispensable pour une personne cultivée.
D. À soutenir: Les étudiants souffrent plus du stress que les profs.

E. Les causes du stress chez les enseignants   *ou*
   Les causes du stress chez les étudiants   *ou*
   Une comparaison entre le stress chez les enseignants et celui des étudiants.

Lexique

affection *f*   ailment
affronter   to confront
(s') ajouter   to add
courant *adj*   common
horaire *m*   schedule
névrose *f*   neurosis
supporter   to tolerate

Cadre 10
Les Enfants et l'argent

LECTURES

Les Enfants, la famille et l'argent

Petits clients, gros marché

Les enfants ont souvent leur mot à dire sur des achats que font leurs parents.

LES ENFANTS, LA FAMILLE ET L'ARGENT provides two pervasive and opposing answers to the question. "How (and what) do the French teach their children about money?" Each answer embodies both philosophical and pragmatic considerations. The article ends with an analysis of the more modern approach, which offers commonsensical advice to present and future parents.

Les Enfants, la famille et l'argent

L'argent, que représente-t-il pour les enfants? Combien en ont-ils? Qu'en font-ils? Et qu'en disent leurs parents? Voilà les questions de ce cadre.

Deux conceptions de l'éducation—veut-on protéger les jeunes ou les préparer aux réalités de l'existence? La réponse dépend... des ressources de la famille, de son appartenance sociale, des aléas de l'existence, mais surtout des normes éducatives.

«L'enfant et l'argent?» a dit tante Agathe, choquée, «drôle d'idée, drôle de rapprochement, les enfants c'est l'innocence, la pureté, la candeur. Qu'ont-ils à voir avec l'argent? Quand ils comprennent ce que c'est l'argent, ils cessent d'être des enfants... On n'en parle pas, les enfants pourraient entendre.» Dans les «bonnes

Dans les «bonnes familles» on ne parle pas d'argent à table.

familles» à haute prétentions éducatives, on n'en parle pas à table mais on y pense... et on agit en fonction—c'est pourquoi nos grand-parents ont été taxés d'hypocrisie. Il est admis de faire l'éducation sexuelle des enfants, mais, pour l'argent, le tabou subsiste, latent mais insidieux.

Dans la famille rurale et patriarcale, chacun devait contribuer soit par un travail effectif à la maison ou aux champs, soit en évitant de dépenser. Les enfants, dès leur jeune âge, avaient des tâches à remplir. Cette main d'œuvre gratuite augmentait la capacité de production de la famille. Pas question de distraire un sous du patrimoine pour ses plaisirs et son usage personnel. L'argent, rare, appartenait au groupe familial comme les autres biens.

Aujourd'hui, dans certaines familles, cette vieille tendance continue. On essaie d'élever l'enfant dans la pureté, la fraîcheur de son âme. Donc, il ne faut jamais dire le prix des choses: ce qui compte dans le noyau° familial ce sont les relations d'amour, de tendresse désintéressée. Les enfants doivent être soigneusement tenus à l'écart° des préoccupations matérielles, ne pas savoir combien leurs parents gagnent, ou paient d'impôt: «Ils le sauront assez tôt. Inutile de les rendre adultes avant l'heure,» affirme F., qui a deux enfants.

l'unité

en dehors de

Gageons° que cette volonté d'isoler l'enfant de l'argent est un luxe de classes aisées. Dans *Émile et les détectives* d'Erich Kastner, Émile demandait à son copain: «On parle souvent d'argent chez toi?—Non, jamais.—C'est que tu en as plein, rétorque Émile, chez moi on en parle tout le temps parce qu'on n'en a pas.»

let's assume

Pour sûr, le discours autour de l'argent est plus fréquent quand on en manque pour le quotidien. Les enfants du milieu modeste ont souvent plutôt la notion du prix des choses, le sentiment que «tout n'est pas possible.» Bruno, huit ans, fils d'un mécanicien auto et d'une femme de ménage,° regrette: «J'aimerais bien monter sur les poneys, moi aussi, le mercredi, mais maman dit que c'est trop cher. C'est pas pour nous. Rien que le chapeau rond noir, il coûte ce que maman gagne en une semaine.»

femme qui nettoie la maison des autres

Ce qui contribue avant tout à former le rapport de l'enfant à l'argent, c'est l'attitude des parents, plus que leur moyens, que l'argent de poche dont il peut disposer. Plus que les discours aussi: c'est l'exemple qui compte. Une mère ne peut pas affirmer que l'argent ne fait pas le bonheur, si elle annonce tous les soirs à table le prix du bifteck, le coût des vêtements, des sorties ou des vacances.

Cependant, de nombreux éducateurs déplorent cette attitude «infantilisante,» car l'enfant qui doit demander l'argent à ses parents pour satisfaire le moindre désir n'a aucune marge de manœuvre, aucune possibilité de choix. Jean Ormezzano, psychologue, s'élève même contre l'expression, «argent de poche.» «L'argent de poche, c'est litéralement celui qui traîne au fond des poches, celui

—Écoute, Martine, tu sais bien que je ne peux pas t'acheter une chaîne stéréo.

qui n'est pas comptabilisé, qui n'est pas valorisé. Donner l'argent sans savoir com- bien, c'est anti-éducatif.»

Pour faire une véritable «éducation à l'argent,» Jean Ormezzano préconise un système de «décision collective.» Il souhaite que les enfants sachent exactement les revenus des parents, qu'on établisse en famille un budget, leur montrant les frais incompressibles, les impôts, le loyer, les vacances: «Une fois qu'on a retiré tout cela, il reste, disons, 1 500 francs. Papa a besoin de cigarettes, de son journal, de temps en temps il déjeune au restaurant. Il lui faut donc 500 francs. Maman a sa coiffeur, ses produits de maquillage, ses journaux, il lui faut tant. Toi, tu as ton cinéma, tes vignettes de football, tes timbres, qu'en penses-tu de cette somme?»

Ce n'est pas de l'argent de poche, c'est une somme allouée à chaque membre de la famille pour ses dépenses personnelles et ses propres plaisirs. Moyennant quoi,° la somme régulièrement versée peut être utilisée pour autre chose; il est possible de remplacer le cinéma par un match de football, les timbres par un journal ou une pile de crêpes. Ainsi, l'enfant dispose d'une somme qu'il gère° à sa guise, dont il est responsable, et qu'on n'augmente pas à volonté.

° au moyen de cela

° contrôle

Liliane Delwasse
Extrait et adapté du *Monde de l'Éducation*

VÉRIFICATIONS

A. Résumez dans vos propres termes les deux points de vue exprimés dans la lecture.

B. Identifiez les idées suivantes en nommant la personne qui aurait pu les énoncer: tante Agathe ou Jean Ormezzano.

Idées proférées	*Provenance* (Source)
1. Il faut isoler l'enfant de l'argent.	_____
2. Les enfants doivent savoir que tout n'est pas possible.	_____
3. L'argent ne fait pas le bonheur.	_____
4. Qu'ont-ils à voir avec l'argent?	_____
5. L'argent de poche n'est pas bon.	_____
6. Les enfants grandissent déjà trop vite.	_____
7. Il faut que les enfants prennent des décisions.	_____
8. L'argent de l'enfant fait partie du budget familial.	_____

C. Complétez chaque proposition en fournissant le mot ou la phrase qui manque.

1. Veut-on protéger les jeunes ou les préparer aux _____ ?
2. Un tabou qui subsiste est _____ .
3. Dans la famille rurale et patriarcale, chacun doit _____ .
4. Dans une famille traditionnelle il ne faut jamais dire _____ .
5. Dans une telle famille l'enfant ne sait pas _____ gagnent ses parents.
6. On parle plus souvent de l'argent quand on en _____ .
7. Ce qui forme le rapport de l'enfant à l'argent c'est surtout _____ .
8. Pour Jean Ormezzano, un enfant qui n'a pas son propre argent ne sait pas _____ .
9. Pour lui, les enfants doivent savoir _____ .
10. Ce qu'il veut c'est que l'enfant dispose d'une somme qu'il _____ .

DÉFIS

A. «son *appartenance* sociale». Pour deviner ce mot, pensez aux indications dans le contexte: *son* se rapporte à *famille*; donc, on a l'idée suivante: le(la) _____ social(e) de la famille produit une opinion sur l'éducation. Alors, il est probable que *son appartenance* veut dire sa position/son problème.

B. «des *aléas* de l'existence.» Il faut encore étudier le contexte. Le mot *aléas* fait partie de l'existence de tout le monde et il contribue à la décision de protéger ou d'exposer les jeunes aux réalités. Alors, il signifie probablement maladies/ hasards.

Comment avez-vous choisi cette réponse?

C. «Qu'ont-ils *à voir avec* l'argent?» Cette expression de la langue parlée veut dire:

   1. Où est-ce qu'ils voient l'argent?
   2. Comment l'argent les concerne-t-il?

D. «*soit* par un travail effectif... *soit* en évitant....» Ces deux conjonctions peuvent être remplacées précisément par:

   1. tant.... tant   2. ou... ou

E. «Les enfants, dès leur jeune âge, avaient des tâches à remplir.» Ici, *tâches* a le sens général de bouteilles/travail.

F. «*Cette main d'œuvre* gratuite augmentait la capacité de production de la famille.» *Cette main d'œuvre* signifie ce résultat/ce travail physique.

G. «... est un luxe de classe *aisée*.» Une classe «aisée» est la classe supérieure/ inférieure. À quel mot anglais est-ce que le mot *aisé* ressemble?

H. «C'est que tu en as *plein*.» Cela veut dire que tu en as beaucoup/moins. Laquelle des expressions est la *moins* formelle?

I. «quand on en manque pour le quotidien.» *Quotidien* est un adjectif employé comme nom. Quel mot est sous-entendu (*implied*) dans cette locution?

   1. amour   2. besoin

J. «(L'enfant sans argent) n'a aucune *marge de manœuvre*.» Cela veut dire fle- xibilité/allée.

K. «(L'argent de poche) est celui qui *traîne* au fond des poches.» Le meilleur synonyme de *traîne* est se trouve/reste.

L. «Jean Oremezzano *préconise* un système collectif.» *Préconise* signifie prob- ablement propose/prévoit.

M. «... la somme régulièrement *versée*....» *Versée* veut dire donnée/estimée.

N. «... l'enfant dispose d'une somme qu'il gère *à sa guise*....» *À sa guise* signifie à son maximum/à sa volonté.

O. Relevez les mots français dans la lecture qui correspondent aux mots anglais
    suivants. Prononcez-les bien.

allocated	desire	luxury
products	margin	preoccupations
collective	steak	disinterested
anti-educational	mechanic	family (*adj.*)
valued	notion	tendancy

STRUCTURES

DRÔLE DE

The adjective *drôle* is followed by a prepositional phrase introduced by *de* to express
the idea, «What a funny (kind of)...» Note that in this context, *funny* is used in the
sense of "strange" or "curious." It is often introduced by "Quel(le)", meaning "What
a...!" In such cases, *Quel* agrees with the noun that follows.

> "drôle d'idée, drôle de rapprochement"
> Quel drôle de chapeau!

Use the expression *Quel(le) drôle de* with each of the following nouns:

1. livre   2. pensée   3. hôtel   4. famille   5. crayon
6. professeur   7. maison   8. film   9. exercice

ADVERBIAL PRONOUNS: *Y* AND *EN*

Non-personal objects of *à* are replaced by the corresponding pronoun *y*, whose position in a sentence is the same as any other object pronoun. *Y* is an adverb of location.
Thus, it replaces all prepositional phrases of place. For example: Il travaille dans les
champs. Il *y* travaille. *En* is a pronoun substitute for *de* + noun object, when *de* is
used in a basically partitive construction. It too is found in the position of an object
pronoun.

> "On n'*en* parle pas à table, mais on *y* pense."

When *y* and *en* occur together, *y* precedes *en*.

Replace the underlined phrases by *en, y* or both.

1. Certains jeunes dépensent beaucoup <u>au café</u>.
2. Ont-ils <u>de l'argent de poche</u>?
3. Vous ne répondez pas <u>à la question</u>.
4. Je pense <u>à l'attitude des parents</u>.
5. Elle parle constamment <u>des prix</u>.
6. Combien <u>d'argent</u> as-tu?
7. L'argent des enfants fait partie <u>des revenus des parents</u>.
8. On trouve toujours <u>de l'argent dans les poches des enfants</u>.
9. Ils ont des tâches à remplir <u>à la maison</u>.

Lexique

biens *m*   goods
distraire   to detour
frais *m*   expense
loyer *m*   rent
main d'œuvre *f*   manual labor
maquillage *m*   make-up

préconiser   advocate
rapprochement *m*   relationship
tâche *f*   task
traîner   to lie idle, drag
versée *pp*   paid

PETITS CLIENTS, GROS MARCHÉ documents the extensive purchasing power of French children and examines some of the psychological problems and benefits associated with the phenomenon. Its statistical data lend themselves to a discussion of American vs. French behavior with respect to decision-making by children.

Petits clients, gros marché

«Jusqu'à seize ans, les adolescents ne disposent que de petites sommes. Mais ils disent leur mot pour beaucoup d'autres achats familiaux. Cela suffit pour en faire des consommateurs dignes d'intérêt...»

L'aînée, Michèle, secrétaire, habite Boulogne. Les courses, elle les fait le premier samedi après-midi du mois, avec son mari, dessinateur industriel, et ses enfants, dans un hypermarché. On remplit deux caddies géants de produits d'entretien, d'épicerie, de surgelés, on fait la queue° une heure à la caisse. Les enfants ont devant eux, à hauteur du regard, un certain nombre de produits qu'on ne trouve jamais à plus de 1,30 mètre du sol parce que ce serait hors de la convoitise° d'un

attend

tentation

Il y a toujours des produits tentants étalés à la portée des petits enfants.

enfant de huit à dix ans. D'autres produits sont habilement répartis, juste devant les caisses à la hauteur d'un enfant de quatre ou cinq ans. Ainsi, les bambins, énervés par la chaleur et l'attente, trouveront soigneusement étalés devant eux des friandises, des chewing-gums ou des surprises dans une botte de Père Noel.

Quels parents auront le cœur d'arracher° l'objet de la main de l'enfant, qui s'en est emparé° puisque c'est à sa portée, d'affronter son regard suppliant ou même ses hurlements ou ses trépignements de rage devant le public réprobateur? Les psychologues de la vente qui étudient la disposition des lieux dans les magasins à grande surface le savent bien.

Dans les banlieues qui ont proliféré depuis vingt ans, l'éloignement des centres commerciaux par rapport aux lieux d'habitation, les dangers de la circulation, la généralisation des grandes surfaces° font que jusqu'à huit ou neuf ans, l'enfant va rarement faire les courses seul. Mais à partir de cet âge, il est familier avec la démarche° de l'acheteur et se montre souvent un client méfiant et averti°.

Les moins de seize ans constituent un «marché» considérable: 300 milliards de francs en 1979. Pour la confiserie°, les livres, les illustrés, les jouets, ils décident eux-mêmes: cette consommation se chiffre à 11 milliards environ. Ajoutons-y les produits pour adultes adaptés à l'enfant: à savoir°, appareils électroniques. Cette consommation «dérivée» représente quelque 80 milliards.

Enfin, la consommation familiale qui profite aux enfants ou qui se décide sous leur influence est evaluée à 220 milliards de francs et concerne l'alimentation, les meubles, les appareils ménagers, les loisirs et même, selon certains, les automobiles. Selon une étude, plus de 60% des enfants de huit à quatorze ans donnent leur avis pour l'achat de produits qui les concernent plus ou moins directement (lectures, jouets, mais aussi vêtements et surtout l'alimentation). Mais 50% interviennent dans le choix des vacances, du matériel électro-ménager, de leurs chaussures, 40% dans celui du mobilier° de leur chambre, 20% dans celui de la voiture familiale! Ces chiffres ne surprendront que ceux qui n'ont pas d'enfants. Au total, la moitié des dépenses familiales sont effectuées en fonction des enfants ou autour d'eux.

Si le marché global est considérable, les moins de seize ans, individuellement, ne croulent° pas sous l'argent comme on le laisse parfois entendre. Une étude menée par l'Union nationale des caisses d'épargne° de France montre que les deux tiers des jeunes disposent de moins de 100 francs par mois. Une petite minorité (environ 10%) a, en revanche, de «gros revenus» (plus de 4 000 francs par an). Dans les trois quarts des cas, cet argent est fourni par les parents, soit régulièrement chaque mois ou chaque semaine, soit à l'occasion d'une fête, d'un anniversaire ou de grandes ou petites vacances.

Margin glosses:

prendre / l'a pris

shopping centers

les actions / informé

produits sucrés

notamment

ensemble des meubles

tombent

banques

Les sommes versées varient selon l'âge et l'origine sociale. Toutes les études confirment que les seize–vingt ans disposent de plus que les douze–treize ans. Les enfants d'agriculteurs, d'ouvriers et de personnels de service ont les «revenus» les plus faibles. Cadres moyens et employés se situent dans la moyenne. C'est chez les cadres supérieurs, les professions libérales et les patrons d'industrie et du commerce que l'on trouve les plus fortes proportions de «revenus élevés.»

Que feraient les âgés de dix à quatorze ans s'ils avaient autant d'argent qu'ils voudraient? Des rêves raisonnables: ils aideraient leurs parents, achèteraient une maison, aideraient la recherche scientifique et les enfants du tiers-monde. Bijoux, voitures de sport, piscines en forme de cœur, ne font pas rêver les adolescents interrogés. Au plus, une petite fille s'achèterait une ferme pleine d'animaux, une autre des tas de souliers.° Pour le reste, ces enfants paraissent généreux, mais réalistes tout compte fait:° 17% placeraient soigneusement leur argent pour faire des

chaussures
tout bien considéré

Les moins de seize ans détiennent un pouvoir d'achat surprenant.

affaires et en gagner encore plus. Comment voient-ils les riches? Eh bien, ils sont jeunes, beaux et sympathiques. Et méritants: ils ont gagné leurs millions à la sueur° de leur front, par leur travail, en faisant des économies... Aucun   perspiration d'héritage, aucune fortune familiale... et puis ils «font la cuisine eux-mêmes», comme tout le monde.

Liliane Delwasse
Extrait et adapté du *Monde de l'Éducation*

VÉRIFICATIONS

A. La petite histoire de Michèle et de son mari montre que...

    1. leurs enfants sont mal élevés.
    2. les enfants influencent les achats des parents.

B. Trouvez la (ou une) phrase qui dit...

    1. qu'on prend très au sérieux le pouvoir d'achat des enfants.
    2. que les enfants ne font pas d'achats seuls avant huit ou neuf ans.
    3. que les enfants sont des clients intelligents.
    4. que les enfants mangent beaucoup de bonbons et de gâteaux.
    5. que les enfants influencent les décisions économiques des parents.
    6. que les enfants ne manquent pas d'argent.
    7. combien d'argent les enfants ont.
    8. d'où provient l'argent des enfants.
    9. quelles classes sociales donnent le plus d'argent aux enfants.
   10. que les enfants ne sont pas avares en ce qui concerne l'argent.

C. La dernière phrase montre...

    1. le réalisme des enfants.
    2. la naïveté des enfants.

D. **Résumé collectif.** Préparez un résumé collectif de la lecture. Commencez par énumérer tous les faits rappelés par la classe. Ne regardez pas le texte.

DÉFIS

A. «Mais ils *disent leur mot* pour beaucoup d'autres achats familiaux.» Cette expression veut dire:

    1. que les enfants ont un seul mot à dire au sujet.
    2. que les enfants n'hésitent pas à exprimer leur opinion.

B. On remplit deux *caddies* géants de *produits d'entrentien»*...

    1. Dans le contexte donné, *caddies* doit être:

        a. un véhicule pour porter de la marchandise.

        b. une personne.

Question: Comment savons-nous que la réponse incorrecte est impossible?

---

    2. Un exemple de *produits d'entretien* serait le savon / la viande.

C. «D'autres produits sont *habilement répartis*...» Cela veut dire que...

    1. D'autres produits sont intelligemment distribués.

    2. D'autres produits sont secrètement enlevés.

D. Évidemment le mot *hurlements* fait allusion à un son/une odeur.

E. «trépignements de rage». Vous ne savez pas le mot *trépignements* mais vous savez que c'est une action qui exprime une certaine émotion. Pourquoi? Peut-on comprendre la phrase sans savoir le sens *précis* de ce mot?

F. Il y a deux raisons pour le fait que les petits enfants ne vont pas seuls au magasin. Lesquelles?

G. Vous savez que le mot *chiffre* signifie «nombre». Alors, le verbe *se chiffrer* doit signifier se faire/se calculer.

H. **Exercice de stylistique.** «Au total, la moitié des dépenses familiales sont effectuées en fonction des enfants ou autour d'eux.» Dites la même chose plus simplement dans le style de la langue parlée. Quels mots formels avez-vous changés?

I. **Exercise de stylistique.** «... les moins de seize ans, individuellement, ne croulent pas sous l'argent comme on le laisse parfois entendre.» Faites le même genre de transformation que dans l'exercice précédent.

J. «... 17% *placeraient* soigneusement leur argent...»

    1. Le sens du verbe souligné se révèle par un détail mentionné plus tard dans la phrase. Lequel?

    2. Quel serait le meilleur synonyme de ce verbe?

        1. investir   2. situer

Prononciation: liaison facultative

Quand on est engagé dans une conversation familière, on ne fait pas toujours de la liaison. Il y a une liaison facultative dans les cas suivants:
1. *Après un nom pluriel*: des normes éducatives ... nos grands-parents ont été taxés.
2. *Après un verbe*: Ils sont heureux. Il fait un budget.
3. *Après un pronom personnel postposé*: Qu'ont-ils à voir avec l'argent?
4. *Devant un participe passé*: Ils n'ont rien appris.

Trouvez des exemples de liaisons facultatives dans le livre. Lisez-les à la classe en choisissant tantôt le style familier tantôt le style soigné (plus formel). Ensuite, lisez à haute voix les phrases suivantes dans un style (1) familier et (2) soigné.

1. On garde militairement les centraux électriques.
2. Les enfants élevés à la campagne sont à l'aise avec les animaux.
3. Les chercheurs en pédagogie ont concocté de nouveaux programmes.
4. Cette semaine les trains ont un peu de retard.
5. Les voilà armés à la ceinture de leurs précieuses cassettes.
6. Partez si les délais acceptables sont dépassés.
7. Les Français acceptent cette grossièreté de plus en plus mal.
8. Je ne leur suis en rien supérieur.

STRUCTURES

ADJECTIVE AGREEMENT

When a plural adjective precedes a noun, the determiner *des* changes to *de*.

de petites sommes   d'autres achats   d'autres produits

Insert the adjectives in parentheses before the nouns they modify and make the necessary agreement.

1. (bon) épiceries
2. (autre) friandises
5. (jeune) enfants
6. (mauvais) jouets

3. (nouveau) banlieues   7. (gros) problèmes
4. (vieux) clients   8. (beau) timbres

VERBES PRONOMINAUX—SENS PASSIF

Le verbe *se décide* se traduit le mieux par «is decided.» (Quelle est la meilleure traduction de *se traduit?*)

«la consommation... qui *se décide* sous leur influence...»

Traduisez en anglais les verbes pronominaux suivants:
1. Cette consommation se chiffre à onze milliards environ.
2. Les fruits se vendent dans une épicerie.
3. Les vêtements neufs se trouvent dans un grand magasin.
4. Les jouets s'achètent aussi dans un supermarché.
5. Cadres moyens et employés se situent en moyenne.

Réactions et création (À discuter ou à écrire)

A. Les parents devraient (ou ne devraient pas) parler d'argent devant les enfants.
B. Dressez une liste personnelle de dépenses mensuels (*monthly*). Commentez par au moins une phrase complète chaque détail dans ce «budget».
Exemple: nourriture—$100. J'aime manger au restaurant au moins une fois par mois.
C. L'argent de poche en France et en Amérique: une comparaison.

Lexique

affronter   to confront
aîné(e) *m* ou *f*   the oldest
alimentation *f*   food
anniversaire *m*   birthday
appareil ménager *m*   household appliance
avis *m*   opinion

bijou *m*   jewel
botte *f*   boot
caddie *f*   shopping cart
cadre moyen *m*   mid-level executive
caisse *f*   cash register
chiffre *m*   figure (number)
circulation *f*   traffic

convoitise *f*   covetousness
crouler   to crumble
dessinateur *m*   draftsman
éloignement *m*   great distance
(s') emparer   to seize
étalé *past part*   spread out
friandises *f*   sweets
hauteur *f*   height
hurlement *m*   howling
méfiant *adj*   suspicious
meubles *m*   furniture

mobilier *m*   set of furniture
moitié *f*   half
patron *m*   boss
portée *f*   reach
répartir   to scatter
réprobateur *m*   reproachful
surgelé *adj*   frozen (food)
tas *m*   heap
tiers *m*   a third
trépignement *m*   stamping (of feet)

Cadre 11

La Famille

LECTURES

Ma Femme, ma télé et moi

Les Français et la paternité

Promenade familiale dans le Jardin du Luxembourg

MA FEMME, MA TÉLÉ ET MOI makes the point that if money is not the most power-
ful force in modern life, a good case can be made for the TV set. This article
objectively describes French TV-viewing behavior. The reader will be amused by
the novel and humorous concept called "le trouple." Again, the statistics presented lend themselves to an exercise in comparative thinking. No discussion of
French family life can ignore the effects of TV on it. Some families formerly
called "bien serrées" are markedly less so because of television. The last paragraph contains a profound reflection on the influence of TV on the mind.

Ma Femme, ma télé et moi

Le journal *Télé 7 jours* a mené une enquête° il y a quelques années pour mesurer
l'influence de la télévision dans la vie des couples. Cette enquête confirme
l'attachement des maris à leurs récepteurs: ce sont eux qui sont les premiers
devant le poste après le repas du soir, trois fois plus souvent que les femmes,
occupées alors aux tâches ménagères.° Du moins dans les familles qui ne dînent
pas devant la télévision, seulement 48%. En effet, 39% allument leur poste pen-

une étude statistique

travaux dans la cuisine

«Qu'est-ce qu'il y a à la télé ce soir?» devient une question de plus
en plus importante.

dant le repas de 4 à 7 soirs par semaine et 13% de 1 à 3 soirs. «Qu'est-ce qu'il y a à la télé?» a remplacé «Qu'est-ce qu'il y a à manger?»

En cas de désaccord sur le choix de programme c'est le plus souvent le mari qui décide. Se marierait-on parce qu'on aime les mêmes émissions? En tout cas, 52% des personnes interrogées choisissent le même programme que leur conjoint. Les heurts° ne sont très fréquents que dans 2% des cas, à propos du sport surtout, note *Télé 7 jours*. Mais 82% des couples estiment que la télévision ne vaut pas une dispute.

désaccords

Un psychologue français, Gilbert Rapaille, a inventé un mot pour désigner l'intrusion de la télévision dans les ménages: un trouple. «Un trouple, c'est un monsieur, une dame et un poste de télévision. Ils vivent ensemble une relation où la télé est le partenaire dominant. Les deux autres se taisent° quand elle parle, respectent ses horaires,° et toute leur vie est conditionnée par elle. Le trouple n'est pas arrivé par hasard. Une autre épidémie l'a précédé, et a créé le terrain: l'épidémie de couple.

ne parlent pas
heures fixes

«Autrefois on ne parlait pas de couple. L'homme vivait en groupe, avec femme, enfants, parents, cousins, frères, sœurs, voisins. C'était la famille. Même si elle avait des inconvénients, elle permettait à chacun de se définir et de se situer.

«Et puis, avec la société industrielle, les paysans ont quitté la terre, les hommes et les femmes sont partis travailler dans les usines des villes. Ils ont perdu leurs racines, leurs relations. Plus personne ne connaît personne, on n'a plus de passé, plus d'identité. On est seul.

«Comment lutter contre la solitude? En s'unissant à un autre être solitaire. Et on appelle cela le couple, et on dit qu'on fonde une famille... ce qui montre bien qu'on a perdu la sienne.

«Alors le couple «nucléaire», comme on dit aujourd'hui, le couple qui tourne en rond dans son petit logement, sans trouver un véritable but à sa vie, agréssé et angoissé par le monde extérieur, ce couple-là est mûr° pour attraper le trouple...»

prêt à

Contrairement à toutes les maladies, celle-là ne fait pas souffrir, au contraire. C'est si bon de se blottir° l'un contre l'autre pour regarder un feuilleton, en grignotant une friandise° ou en fumant une cigarette!

se pencher
sucrerie

«Télémama», comme l'appelle Rapaille berce ses enfants et leur raconte des histoires avant de les envoyer au lit. Ils sont contents. 72% des «trouplistes» français ont bien dû reconnaître que la télévision empêche les conversations mais 60% ont immédiatement ajouté: «Quand on est devant son poste, on n'a pas besoin de se parler pour être bien ensemble!»

Le pessimisme de Rapaille, qui s'appuie sur de nombreuses observations en Amérique et en Europe, se justifie par une accusation précise: «La télévision»,

«Télémama» berce les enfants et leur raconte des histoires.

dit-il, «remplace «ici et maintenant» par «ailleurs et hier». Elle substitue le spectacle à l'action. Elle rend le lointain proche, mais le prochain lointain.»

Extrait et adapté de *La Vie*

VÉRIFICATIONS

A. Vrai-Faux

1. En France, la télévision cause des disputes fréquentes.
2. Dans un trouple, c'est le poste qui «se tait».
3. Dans un trouple, tous les horaires dépendent de la télévision.
4. Selon Gilbert Rapaille, l'origine du trouple n'est pas connue.
5. Selon lui, le couple et le trouple sont formés pour le même but.
6. Le couple nucléaire est un terrain fertile pour le trouple.
7. Dans l'article, on compare le trouple à une maladie.
8. Il paraît que les Français n'aiment pas le trouple.
9. Les Français ne croient pas que la télé décourage la communication.
10. On implique ici que la télé rend la vie ordinaire irréelle.

B. Quelle serait la thèse (le message central) de cet article?

    1. Les Français aiment leurs postes de télévision.

    2. La télévision renforce le sexisme en France.

    3. La télévision représente une suite logique de la révolution industrielle.

    4. La télévision crée de nouvelles identités.

C. Évidemment la télévision n'incite pas beaucoup de querelles en France, selon la lecture. Dans le 2ᵉ paragraphe, il y a au moins deux faits qui soutiennent (prouvent) cette affirmation. Lesquels?

D. Si cet article est vrai, quelles différences y a-t-il entre les attitudes des Américains et celles des Français à l'égard de la télé?

E. **Trouvez la phrase...**

    1. qui suggère que les informations ici sont plus ou moins scientifiques.

    2. qui prouve que Gilbert Rapaille considère le trouple comme une maladie.

    3. qui compare la télé à une mère de famille.

    4. qui décrit les «bons vieux temps» (*good old days*).

    5. qui raconte les premiers effets de la révolution industrielle.

    6. qui définit le trouple.

    7. qui implique que la majorité des Français dînent devant la télé.

DÉFIS

A. Trouvez dans la lecture le mot (ou les mots) dont l'identité se révèle ci-dessous:

    1. C'est un synonyme du mot *famille*.

    2. Ce verbe se dit de quelqu'un qui ne parle pas.

    3. Cette locution s'applique à ce qui arrive par la chance ou fortuitement.

    4. Il paraît que ce mot est quelque chose à lire.

    5. Ce verbe est une manière de manger.

    6. Ce verbe veut dire «ouvrir» le poste de télévision.

    7. Il faut ce mot pour savoir les heures des trains.

    8. Ce mot identifie également un mari ou une femme.

B. Composez deux définitions comme ceux de l'exercice précédent et présentez-les à la classe.

C. Complétez avec des mots structuraux. Ne regardez pas le texte.

Télé 7 jours a mené une enquête _____ quelques années. Quelle est l'influence _____ la télé _____ la vie _____ couples? Voilà la question! Pour sûr, ce sont les maris les premiers _____ le poste _____ le dîner. Les femmes sont trop occupées _____ la cuisine. 39% allument le poste _____ le repas _____ 4 _____ soirs _____ semaine. On se demande toujours, «qu'est-ce qu'il y a _____ la télé?»

_____ tout cas, la majorité _____ personnes interrogées disent qu'il n'y a pas _____ désaccord _____ le choix de programme. La télé, c'est quand même une intrusion _____ les ménages. Toutes nos vies sont conditionnées _____ elle. Ce phénomène n'est pas arrivé _____ hasard. Autrefois, on vivait _____ groupe, heureux. Cela permettait _____ chacun _____ se définir. Mais _____ la société industrielle, tout a changé. On n'a plus _____ identité. Le nouveau problème: comment lutter _____ la solitude? C'est alors le couple nucléaire qui s'est formé. Un couple qui tourne _____ rond _____ son petit logement _____ un véritable but! On se blottit l'un _____ l'autre pour tout oublier. Comme ça, on n'a pas besoin _____ se parler. Oui, la télé a remplacé «ici» _____ «ailleurs».

D. **Contrariétés.** Donnez l'antonyme de chaque mot suivant tiré du texte. N'oubliez pas que certains peuvent se faire par un changement de préfixe; d'autres, par un changement de mot.

attachement	ensemble	extérieur	précise
récepteur	se taire	reconnaître	lointain
premier	inconvénients (n.)	empêcher	devant
désaccord	perdre	pessimisme	fréquent
interroger	solitaire	nombreux	vivre

STRUCTURES

C'EST + DISJUNCTIVE PRONOUN + *QUI* + VERB

The person and number of the verb agree with the disjunctive pronoun, which is the antecedent of *qui*.

Ce sont eux qui sont les premiers devant le poste...

Construct sentences similar to *Ce sont eux qui sont les premiers devant le poste . . .,* using the given elements.

1. C'est moi		lui parler (passé composé)
2. Est-ce vous		être là (présent)
3. Ce sont eux		répondre toujours (présent)
4. C'est nous	qui	décider (passé composé)
5. C'est elle		allumer le poste (passé composé)
6. C'est lui		inventer le terme «trouple» (passé composé)
7. C'est toi		être en retard (présent)
8. C'est moi		ne pas avoir de famille (présent)

NEGATION

The principal form of negation is, of course, *ne... pas.* Other common negative constructions include *ne... rien, ne... jamais, ne... plus, ne... personne,* and *nulle part.* Possible antonyms for the preceding negative words are, in order, *tout* or *beaucoup, toujours, autrefois, tout le monde* and *partout.*

A. Find 10 simple negative (ne... pas) sentences in this book. Read them aloud to the class.

B. Restate the following sentences, making appropriate changes so that the underlined words are phrased negatively.

1. Chez nous tout le monde regarde la télé.
2. Ils regardent toujours la télé en dînant.
3. La télé vaut beaucoup.
4. Autrefois nous écoutions la radio. (Répondez au présent.)
5. Chez nous il y a des livres partout.

DOUBLE NEGATIVES

The negative word *plus* sometimes combines with other negative particles to form such expressions as *plus personne* ("no one else"), *plus jamais* ("never more"), *plus rien* ("nothing else"). Note that in such combinations *plus* is the first word in the pair.

«Plus personne ne connaît personne.»

Add the negative element *plus* to the following sentences and state the English meaning of each sentence.

1. Je ne connais personne là-bas.
2. Elle n'a rien écrit.
3. Il n'y a personne dans l'usine.
4. Jamais!

L'IMPARFAIT VS. LE PASSÉ COMPOSÉ

«Autrefois on ne *parlait* pas de couple. L'homme *vivait* en groupe, avec femme, enfants etc. C'*était* la famille... Même si elle *avait* des inconvénients, elle *permettait* à chacun de se définir et de se situer.

«Et puis, avec la société industrielle, les paysans *ont quitté* la terre, les hommes et les femmes *sont partis* travailler dans les usines... Ils *ont perdu* leurs racines, leurs relations.»

The *passé composé* describes an action that has happened, that is finished as reflected in (1) a localized beginning (*Après l'examen...*), (2) a localized ending (*...jusqu'à trois heures*), (3) a specified duration (*pendant trois heures*), (4) localized repeated actions (*Toute sa vie...*) or (5) simple totality (*Je l'ai vue hier.*). Most importantly, this tense tells what happened next. Question: What words in the second model above *signal* or *cue* the *passé composé*?

On the other hand, the *imparfait* (imperfect tense) essentially *details* an unfolding action, an action in progress in the past, or a state or condition (mental or physical) in the past. It may also express repeated actions during an indeterminate period of time in the past.

Question: Why are the verbs *parlait, vivait, était, avait,* and *permettait* in the first model expressed in the *imparfait*?

Rewrite the following paragraph in the past tense, using either the *imparfait* or the *passé composé*, as the meaning requires. Remember to change time words as necessary.

L'ancien professeur rencontre Jacques dans la rue. Ils se disent «bonjour» sans émotion. Le professeur demande à Jacques comment il va. Celui-ci répond qu'il va assez bien, puis il ajoute qu'il n'aime plus l'école. Le professeur lui demande pourquoi. Le jeune homme, les yeux baissés, ne veut pas répondre, les mots convenables lui manquent. Le professeur continue, «Mais il faut qu'il y ait une raison.» Jacques balbutie «c'est que... vous êtes mon professeur préféré et vous n'êtes plus là.» Tout à coup le professeur rougit. Il met sa main sur l'épaule de Jacques et le fixe (regarde) longuement. Il pense aux peines qu'il se donne pour des étudiants comme Jacques. Jusqu'à présent il n'est pas sûr que tout cela vaut la peine. Maintenant il le sait. Enfin il lui adresse ces paroles: «Vous êtes bien aimable.»

Lexique

angoissé *adj*   anguished
ailleurs *adv*   elsewhere
allumer   to turn on (a TV set)
(s') appuyer   to be supported
bercer   to rock (a baby)
(se) blottir   to nestle
conjoint *m*   spouse
émission *f*   TV program
enquête *f*   study
être *m*   being
friandises *f*   sweets
feuilleton *m*   newspaper

grignoter   to nibble
hasard *m*   luck
heurt *m*   squabble
horaire *f*   schedule
lutter   to struggle
ménage *m*   family, household
ménagère *adj*   family
poste *m*   TV set
racine *f*   root
tâche *f*   task
(se) taire   to be quiet
valoir   to be worth

LES FRANÇAIS ET LA PATERNITÉ shows that although traditionally conservative, French society has not remained untouched by the social revolution in family roles. This article illuminates French male public opinion on the role of fatherhood. It also contains some useful vocabulary relating to the care of children.

Les Français et la paternité

«Les nouveaux pères s'insurgent contre la tradition.» Des hommes qui pouponnent,° langent,° baignent et nourissent leurs enfants sans cesser d'être des hommes! Qui ne se contentent pas de procréer mais assistent à l'accouchement de leur femme. Des hommes qui maternent. Ce sont les nouveaux papas.   *cuddle / dress*

Aujourd'hui un Joe Dassin (chanteur célèbre) ne craint pas d'afficher sa joie à la naissance d'un enfant, ni de se livrer devant les photographes aux tâches réservées traditionnellement aux mères: langer, donner le biberon.° Complaisance? Goût de la publicité? Ce n'est pas sûr. Lorsqu'on regarde autour de soi, dans les rues et les jardins publics, on voit de jeunes hommes porter fièrement leur progéniture. L'enfant dans leurs bras n'est plus un paquet de dynamite ou un vase précieux et fragile. Ils se retournent au passage des landaus° avec le regard de   bouteille de lait

voitures d'enfant

complicité que seules les femmes osaient porter sur la progéniture des autres. Les cris de leurs bébés ne les font plus rentrer sous terre... Ce sont les nouveaux papas!

Résultats d'un sondage de *Parents*:

Une cascade de chiffres nous montre que parmi les hommes interrogés, 73% ont assisté à l'accouchement de leur femme; que 99% de ces derniers sont prêts à revivre cette expérience; que 86% se sentent à l'aise avec un bébé dans les bras; que 81% le promène dans son landau; que 79%, en cas de divorce, demanderaient la garde des enfants.

Indications de changement de mœurs/attitudes

1. Dès le début de la grossesse,° le mari veut participer à l'aventure de sa femme. — état d'une femme enceinte

2. Dès les premiers instants de la vie, le père, qui a assisté à l'accouchement, établit un lien sensuel avec son bébé.

3. Nourrir, ce n'est plus seulement assurer la subsistance du bébé. C'est aussi un acte d'amour indispensable à l'épanouissement° affectif. — développement

4. Laver un bébé, c'est instaurer avec lui une complicité, c'est jouer, c'est renouer avec l'élément liquide d'où nous sommes tous issus.

Questions posées:

1. Quand vous vous êtes marié, quelle était votre attitude à l'égard de la paternité?

	%
—Vous souhaitiez avoir un enfant, mais vous vouliez attendre un peu.	50
—Vous souhaitiez avoir un enfant tout de suite.	24
—Un enfant était déjà en route.	21
—Cela vous étiez égal d'avoir un enfant, ou pas.	3
—Vous ne vouliez pas avoir d'enfant.	1
—Ne se prononce pas.	1

2. Quand vous avez appris que votre femme était enceinte, quel a été le sentiment qui a dominé en vous? Vous êtes-vous senti...?

	%
fier	41
émerveillé	21
contrarié	7
différent	7
piégé°	7 — attrapé
dérouté	4
paniqué	3
consterné	1
Ne se prononce pas	9

Un «nouveau papa», heureux de s'occuper de ses petites filles

3. Avez-vous assisté à l'accouchement? Oui 62% Non 38%
4. Lorsque votre dernier était petit (ou si vous avez un enfant très jeune
   actuellement), vous êtes-vous occupé (ou vous occupez-vous) régulièrement de: %
   —lui donner son biberon ou son repas à la cuillère?   74
   —préparer son biberon ou son repas?   65
   —le promener?   64
   —le bercer quand il pleure?   60
   —le changer?   53
   —vous lever la nuit?   50
   —lui donner son bain?   60
   —le conduire chez la nourrice ou la crèche?°   26   école pour les tout petits

Fréderic Musso
Extrait de *Parents*

VÉRIFICATIONS

A. Pour chaque proposition sur la vie française ci-dessous, trouvez la phrase, le fait, ou la statistique qui la soutient.

1. Beaucoup de Français participent à l'accouchement de leurs femmes.
2. Les hommes n'ont plus peur des bébés.
3. Les femmes sont «chauffeurs» plus souvent que les hommes.
4. Les pères ont un rapport intime avec leurs bébés.
5. La moitié des fiancés veulent un enfant, mais pas tout de suite.
6. En général, les Français ont une attitude positive en apprenant qu'ils auront un enfant.
7. Les Français n'hésitent pas à exprimer leurs opinions là-dessus.
8. La plupart des Français ont l'habitude de s'occuper de leurs enfants.
9. Il y a peu de Français avec une attitude négative envers l'éventualité d'un enfant.
10. Les femmes peuvent compter sur leurs maris quand elles deviennent enceintes.

B. Dans le deuxième paragraphe, à quoi, selon la vieille tradition, est-ce qu'on a comparé un bébé?

C. Trouvez une autre exagération dans ce paragraphe.

D. Complétez la phrase selon les informations du texte... «...en cas de divorce, beaucoup d'hommes ＿＿＿＿＿＿ .»

Question: Est-ce que les Américains auraient répondu pareillement?

DÉFIS

A. *Cela m'est égal de...* Exercez-vous à cette structure en faisant cinq phrases comme «Cela m'est égal d'avoir un enfant.»

B. *Assister à.* Il est clair qu'on a assisté à un événement quelconque. Énumérez des événements dont vous savez le mot français. (Exemples: concert, examen, etc.) Ensuite, partagez ces informations avec un autre étudiant. Parlez à tour de rôle en utilisant des phrases qui commencent *Une fois j'ai assisté à...; J'ai aussi assisté à....*

C. **Associations.** Joignez les unités de la première colonne à celles de la deuxième colonne pour reconstituer des phrases de la lecture. Ne regardez pas le texte.

1. Les nouveaux pères s'insurgent...	a. de le changer?
2. 73% ont assisté...	b. c'est instaurer avec lui une complicité.
3. ... ces derniers sont prêts...	c. à l'accouchement de leur femme.
4. Le père...	d. ne leur font plus rentrer sous terre.
5. Laver le bébé...	e. contre la tradition.
6. Vous ne vouliez pas...	f. avoir d'enfant.
7. Vous êtes-vous senti...	g. à revivre cette expérience.
8. Vous êtes-vous occupé régulièrement...	h. fier?
9. ... on voit de jeunes hommes...	i. établit un lien sensuel avec l'enfant
10. Les cris des bébés...	j. porter fièrement leur progéniture.

Question: Avez-vous remarqué la tendance de certains mots de se lier avec d'autres mots? Citez quelques associations.

D. Énumérez encore des événements, puis exprimez votre sentiment à l'égard de cet événement.

    MODÈLE: J'ai assisté à l'accouchement de ma femme. J'en suis fier.

E. Trouvez tous les mots dans le texte qui signifie «enfant».

F. **Préférences personnelles.** Ordonnez de 1 à 5 les tâches selon vos goûts personnels.

Le *1* représente la tâche la plus préférée.

____ promener l'enfant dans son landau

____ laver l'enfant

____ donner le biberon à l'enfant

____ préparer le biberon pour l'enfant

____ changer et langer l'enfant

STRUCTURES

CRAINDRE

Présent:

Je crains cela.	Nous ne craignons pas cela.
Tu crains cela.	Vous ne craignez pas cela
Il (Elle) craint cela.	Ils ne craignent pas cela.

«Aujourd'hui un Joe Dassin ne *craint* pas d'afficher sa joie à la naissance d'un enfant.»

Futur: Je craindrai
Imparfait: Je craignais
Passé composé: J'ai craint

A. Répondez aux questions suivantes:

1. Qu'est-ce que tu crains?
2. Est-ce que vous craignez l'avenir?
3. Qu'est-ce que les héros craignent?
4. Quand vous étiez petit que craigniez-vous?
5. Avez-vous jamais craint votre père? votre mère? votre professeur de français?

B. Répondez au futur:

1. Est-ce que vous allez craindre les progrès technologiques?
2. Est-ce qu'on va craindre longtemps les armes nucléaires?

C. Demandez-moi:

1. ... ce que je crains.
2. ... si je crains mon patron.
3. ... si je craignais jamais mes parents.

Réactions et création (À discuter ou à écrire)

A. **Le chef du trouple.** Imaginez que le poste de télé est en effet le maître de votre ménage. Dressez une liste de comportements interdits (défendus) par ce monstre. Par exemple, «Il est interdit de se parler devant moi.» Écrivez au moins 10 phrases.

B. Quels sont les problèmes du couple «nucléaire»?

C. Quel est le rôle du père de famille à l'époque actuelle?

D. Sujet: Mes vues sur le mariage et la famille.

Lexique

accouchement *m*   delivery (of a baby)
assister à   to be present
biberon *m*   baby's bottle
complaisance *f*   pleasure
craindre   to fear
crèche *f*   nursery school
dérouté *adj*   distracted
(être) égal à   (to be) unimportant (to someone)
enceinte *adj*   pregnant
épanouissement *m*   development
garde *f*   custody

grossesse *f*   pregnancy
(s') insurger   to rebel
issue *adj*   originated
landau *m*   baby carriage
lien *m*   link
(se) livrer (à)   to give oneself to
materner   to mother
mœurs *m*   customs
piégé *adj*   trapped
pouponner   to cuddle
renouer (avec)   to return to
sondage *m*   poll

Le Chômage

LECTURES

Une Génération condamnée

Les Chômeurs souffrent aussi dans leurs corps

Des chômeurs peuvent chercher de l'aide à l'ANPE.

UNE GÉNÉRATION CONDAMNÉE makes it clear that regardless of nationality or culture, young people today are united in one bitter experience: unemployment. This short reading allows three young unemployed French people to speak out. Together they portray divergent reactions to the tragedy. Their words alone are manifestations of life in contemporary France.

Une Génération condamnée

Le nombre de jeunes, hommes et femmes, au chômage n'a pas cessé d'augmenter depuis 1968. Ils n'étaient que 133 00 à demander un emploi l'année où le mois de mai° les vit secouer la France. Ils sont aujourd'hui près de 500 000 à essayer de s'intégrer par le travail à une société qui semble bien de ne pas céder à leur demande. Ainsi près de 3 jeunes demandeurs sur 4 vérifient qu'il n'est pas meilleur aujourd'hui qu'hier de ne pas vouloir ou de ne pas pouvoir accéder à un certain niveau d'instruction. De plus, pour tous, le temps d'attente s'accroît.° Il était au début de l'année de onze mois et demi en moyenne. Voici ce qu'en pensent certains jeunes chômeurs:

> la révolte des étudiants

> est plus long

Claude, 20 ans, de Carcassonne: «Je veux vivre au pays, mais j'irai peut-être ailleurs, quitte à° accepter provisoirement° un emploi ne correspondant pas à ma formation. La journée, j'aide mon père au jardin et mon grand-père à la vigne. Je ne sais pas quoi faire. Étant au chômage, ça m'a renforcé dans mes opinions. Je ne peux que me situer à gauche.»

> même si je dois / temporairement

Anne, 21 ans, de Paris: «Je cherche un emploi comme vendeuse, mais je ne trouve pas beaucoup d'aide de l'ANPE.° Je ne souhaite pas aller en province. Mon père, ingénieur électronicien, a lui aussi été chômeur. Il m'aide un peu mais il me reproche de ne pas trouver de travail.

> Agence nationale pour l'emploi

«Il y a beaucoup trop de gens qui profitent du chômage. C'est injuste. De même, il est injuste que ceux qui travaillent paient pour certains qui ne veulent rien faire. Bien que je ne fasse pas de politique, si je devais voter, je me situerais du côté des centristes. Logiquement, je pense qu'on devrait limiter l'immigration, sinon totale, du moins dans les secteurs touchés par la crise.»

Robert, 20 ans, de Saint Nazaire: «J'appartiens à une famille de dix enfants. Je suis marié et ma femme attend un enfant. C'est dire que je souhaite retrouver vite un boulot. En plus, on passe pour des fainéants° ou des voyous° tant qu'on ne travaille pas. Quand on n'a rien à faire et on n'a pas de fric,° tout est possible, aussi j'excuse les chômeurs qui font des bêtises.»

> gens qui ne font rien / malhonnêtes
> argent

Alain Cotta
Extrait et adapté de *Parents*

Les citoyens manifestant contre l'état économique du pays

VÉRIFICATIONS

A. Remplacez le mot ou l'expression souligné(e) par un mot ou une expression de la lecture.

1. Je n'ai pas d'argent.
2. Le chômage augmente.
3. Ils demandent une situation.
4. Ils ne veulent pas arriver à ce niveau d'instruction.
5. C'est temporaire.
6. Cela ne correspond pas à ma préparation scolaire.
7. Il la blâme de ne pas trouver de travail.
8. J'excuse les chômeurs qui font des choses stupides.

B. À compléter.

Note: Most of the answers here involve lexical or vocabulary items from the text. Only a few are structure words. It is a test of both your memory and reasoning ability. Anything over 50% would be a very good score. Try not to refer to the text.

Depuis 1968 le nombre de jeunes chômeurs a _____ en France. Ils essaient de s'intégrer par _____ à une société qui ne _____ pas à leur demande. Donc, certains ne veulent plus accéder à un certain _____ d'instruction. De plus, le temps d'attente _____ . Il est maintenant de 11 mois et demi _____ moyenne.

Prenons, par exemple, Claude de Carcasonne. Il veut rester au pays mais il ira peut-être _____ . Il acceptera même un emploi qui ne correspond pas à sa _____ . Au fond, il ne sait pas _____ faire. Politiquement il se situe _____ .

La Parisienne Anne cherche un emploi comme _____ . Elle ne _____ pas aller en province. Son père aussi a été _____ , mais il lui _____ de ne pas trouver de travail.

Il y a beaucoup trop de gens qui _____ du chômage. De plus, il est injuste qu'on paie pour _____ qui ne veulent _____ faire.

Robert de Saint Nazaire _____ à une famille nombreuse. Sa femme et lui _____ un enfant. Donc il doit retrouver _____ . Il ne veut pas passer pour un _____ .

DÉFIS

A. Quels mots du texte s'apparentent aux mots anglais suivants? Lisez-les à haute voix.

cease	provisional	profit
annual	correspond	unjust
integrate	vendor	logically
cede	electronics	excuse
accede	reproach	aid

B. **Associations.** Joignez les mots ou locutions de la première colonne à ceux de la deuxième colonne selon leurs associations dans le texte.

___ 1. demander   a. à leur demande
___ 2. faire   b. un emploi
___ 3. appartenir   c. de ne pas trouver de travail
___ 4. accéder   d. à ma formation
___ 5. attendre   e. à une famille de 10 enfants
___ 6. aller   f. un enfant
___ 7. céder   g. pour un voyou
___ 8. passer   h. à un certain niveau d'instruction
___ 9. reprocher   i. ailleurs
___ 10. correspondre   j. une bêtise

C. Cette génération est «condamnée»:

1. à cause des événements de mai '68.
2. parce qu'il n'y a pas assez de travail.

D. Trouvez dans la lecture un *antonyme* de chaque mot suivant:

travaille   refuser
perdre   pour toujours
diminuer   client
ici   louer

E. **Familles de mots.** Pour chaque mot ci-dessous, donnez au moins un autre mot appartenant à la même famille lexicale.

    MODÈLE: chômage: *chômer, chômeur (-euse)*

cesser   profiter
(s') intégrer   centriste
accéder   touchés
attente   totale
formation   marié
emploi   travailler
situation   limité

F. «... onze ans et demi *en moyenne*». You may not know the highlighted phrase. However, you do know the root *moyen* and its two common meanings: (1) means and (2) middle. In addition, you know the context—we are talking about a waiting period of 11.5 months. Given this context and the two known root meanings, which is the most likely meaning of *en moyenne*?

1. on the average
2. as a means

STRUCTURES

NE PAS SAVOIR + QUOI (QUE) + INFINITIF

The preceding structure expresses a completion for the thought "not to know what + Verb." This structure may also contain other kinds of doubts (e.g., not to know where, not to know when, etc.).

Je ne sais pas quoi (que) faire.

Construisez des phrases utilisant *ne pas savoir* et les éléments donnés.

Nous	où	aller
Elle	comment	répondre
Tu	quand	partir
Jeanne	quoi	dire
On	que	penser
Vous	quoi	faire?

SPECIAL USE OF *ÊTRE*

The verbe *être* is sometimes used with a personal pronoun subject to express the notion "There were _____ (a certain number) of _____ (us, them)."

«Ils *n'étaient que* 133 000 *à* demander un emploi...»
«*Ils sont* aujourd'hui près de 500 000 *à* essayer de s'intégrer...»

When the sentence is completed by an identifying reference using *à* + an infinitive, the identifying phrase is translated into English as a present participle. Thus, «Ils n'étaient que 133 000 à demander un emploi» means "There were only 133,000 *seeking* employment."

Say in French, using the preceding structure...

1. There are five of us.
2. There are only two of us who speak French.
3. There were three of them asking for tickets.
4. There were many (use *nombreux*) of them failing (*échouer*).
5. There were 20 of them going to France.

Lexique

(s') accroître   to increase, grow
appartenir à   to belong to
bêtise *f*   a stupid act
boulot *m*   job
céder   to yield
chômeur *adj* ou *n*   unemployed (person)

de même *conj*   likewise
quitte à *conj*   even if
secouer   to shake
tant que *conj*   as long as
voyou *m*   street bum

LES CHÔMEURS SOUFFRENT AUSSI DANS LEURS CORPS reports the ruinous effects of unemployment on the health. Based on a French study of the problem, it discusses such variables as age, sex, and socio-professional class on reactions to unemployment.

Les Chômeurs souffrent aussi dans leurs corps

Le chômage, aujourd'hui, ne concerne plus seulement les deux millions de personnes sans emploi, les politiques, les économistes ou les sociologues.

«C'est devenu un véritable phénomène médical, avec des symptômes, sa pathologie et peut-être même ses remèdes» explique le Dr Gertner, rédacteur en chef°   éditeur principal du journal *Panorama du médecin.*

Cette revue, destinée exclusivement au corps médical, vient de publier les résultats d'une enquête nationale ayant pour thème: *le chômeur devant son médecin.*

Si elle ne trouve pas du travail, elle peut tomber malade.

Cinq cent soixante-dix généralistes ont été interrogés aux quatre coins de la France. On a pu ainsi observer le comportement de plus d'un millier de chômeurs et les effets de la perte de travail sur leur santé.

«Paradoxalement, le chômage n'est pas vécu de la même manière que l'on soit homme ou femme, cadre ou ouvrier, quinquagénaire° ou âgé de moins de 30 ans, dit le docteur Gertner. En réalité, la façon dont est ressentie° cette partie dépend de ce que chaque travailleur attend—ou attendait de son «job». une personne qui a 50 ans sentie

Ainsi, alors que chômeurs et chômeuses sont en nombre égal dans notre pays, *les hommes consultent plus souvent.*

«Sur quatre demandeurs d'emploi passant dans notre cabinet, trois sont des hommes, précise le médecin. Cela est logique car l'homme est plus fragile lorsqu'il perd son statut social et il n'a même pas les tâches familiales et ménagères sur lesquelles se rabattre.°» se rétablir

Plus étonnants: *Chez les chômeuses, ce sont les moins de 35 ans qui viennent consulter.* Plus elles avancent en âge, moins elles ont recours au service du praticien: «La perte de l'emploi est moins bien supportée par les femmes jeunes car elle représente la perte de leur autonomie toute neuve au sein° de la société.» milieu

Chez les hommes, c'est le contraire: plus ils vieillissent, plus ils consultent. «Ce sont les cadres°... qui souffrent le plus de la perte de leur poste dès 45 ans.» *executives*

En revanche, c'est entre 25 et 40 ans que les ouvriers ressentent le plus durement la mise au chômage. Cela prouve qu'ils sont attachés à leur métier, à leur qualification et, ce à l'âge où ils sont plus performants.

Quant aux troubles dont se plaignent les patients chômeurs, ils sont, eux aussi, différents suivant le sexe, la catégorie socio-professionnelle et l'âge du consultant.

La jeune employée de bureau souffre de migraines, de prises° de poids, d'anxiété et de palpitations. Le cadre moyen, aux abords° de la quarantaine, se met à fumer de plus en plus et a tendance aussi à boire un peu trop. Il dort mal, se plaint de maux° d'estomac et de troubles de l'humeur. Le cadre supérieur a des palpitations, de l'hypertension, des maux de tête et des problèmes sexuels. Quant à l'ouvrier de 40 ans, il se plaint de troubles intestinaux et il est très souvent tenté de noyer° son angoisse et sa détresse dans l'alcool. augmentation qui s'approche de douleurs *drown*

«Ces syndromes du chômeur sont, bien sûr, un peu caricaturaux, reprend le Dr Gertner. Ils sont cependant très importants à connaître. En effet, lorsqu'un patient consulte, il ne confie pas toujours à son médecin qu'il a perdu son emploi. Le praticien peut alors hésiter devant les nombreux symptômes dont se plaint son malade. Connaître la pathologie aujourd'hui, hélas, classique du chômeur, peut donc orienter le généraliste dans son diagnostic et l'aider à traiter non seulement celui qui est venu le consulter, mais aussi les autres membres de la famille.»

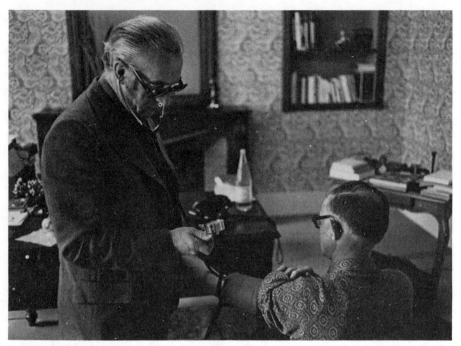

Trois quarts des patients chômeurs sont des hommes.

Car l'enquête de *Panorama* le révèle également: dans plus de 25% des cas, le conjoint du chômeur, lui aussi est affecté par la perte de l'emploi, souffre de troubles plus ou moins psychologiques et nécessite des soins.

Marie-Françoise Dubillon
Extrait de *France-Soir*

VÉRIFICATIONS

A. Répondez aux questions sans reproduire le texte exact.

1. Qui est touché par le chômage?
2. Pourquoi les chômeurs souffrent-ils plus que les chômeuses?
3. Comment est-ce que l'âge influence le chômage?

4. Quelles variations constate-t-on dans les symptômes des groupes différents?

5. Pourquoi le diagnostic est-il parfois difficile pour le médecin?

6. Pourquoi faut-il traiter le problème comme une maladie familiale?

B. Choisissez la meilleure réponse d'après la lecture.

1. On a fait l'enquête régionale/un peu partout en France.

2. Le chômage concerne les chômeurs/toute la famille.

3. Il y a plus/autant de chômeuses que de chômeurs.

4. Ce sont les hommes/les femmes qui consultent le plus.

5. Chez les chômeuses, ce sont les plus de 35 ans/moins de 35 ans qui consultent le plus.

6. Parmi les ouvriers, ce sont les 25 à 40 ans/quinquagénaires qui consultent le plus.

7. Ce sont les femmes/les hommes qui souffrent le plus de migraines.

8. C'est le cadre supérieur/l'ouvrier de 40 ans qui se plaint de troubles intestinaux.

9. C'est l'ouvrier/le cadre supérieur qui tend à boire trop d'alcool.

10. Cet article est probablement destiné plutôt aux généralistes/aux spécialistes.

C. Combien de chômeurs sont représentés dans cette enquête?

1. 570

2. plus d'un million

3. plusieurs millions

4. Ce n'est pas indiqué.

DÉFIS

A. Comment l'orthographe et la prononciation des mots suivants diffèrent-elles des mots anglais apparentés?

concerne	véritable	supérieur
emploi	phénomène	détresse
politiques	pathologie	praticien
hésiter	économistes	interrogés
autonomie	paradoxalement	sociologues
famille	tendance	psychologique

B. «Ces syndromes du chômeur sont... un peu caricaturaux, *reprend* le Dr Gertner.» Devinez le sens de *reprend*.

    1. demande   3. se demande

    2. dit   4. répond

C. **Phrases brouillées.** Recreate the following sentences from the text by arranging the words in correct grammatical order.

    1. qu' métier cela attachés prouve ils cela à sont leur

    2. plus moyen de à fumer en cadre met se plus le

    3. son un emploi qu' médecin il toujours perdu patient à pas confie ne a son

    4. l' du aussi affecté la par de perte conjoint chômeur le lui emploi est

    5. médical devenu le véritable est un chômage phénomène

Questions: What strategies did you use in reconstructing the sentences? What word or part of speech did you look for first? Will any of these strategies help you to improve your reading?

D. Quelles prépositions se trouvent souvent avec les mots suivants?

destiné	quant
effet	membres
réalité	recours
dépend	revanche
service	souffre
aider	se plaint
se met	tenté

E. **Familles lexicales.** Pour chaque mot suivant, formez autant de mots apparentés que possible. Utilisez un dictionnaire si vous voulez.

    MODÈLE: chômage *chômeur, chômeuse, chômer*

emploi	consultent	médical
fragile	nation	social
observer	attachés	perte
avancent	service	dépend
supportée	égal	représente

F. Choisissez cinq familles lexicales de l'exercice précédent. Pour chaque «famille», créez une seule phrase qui inclut tous les mots.

STRUCTURES

LA VOIX PASSIVE

The passive form of a verb consists of *être* combined with a past participle. This past participle acts as an adjective, agreeing in gender and number with the subject of *être*. In a passive sentence, *être* is put in the same tense as the verb in the active sentence would be.

«Cinq cent soixante-dix généralistes *ont été interrogés* aux quatre coins de la France.»

A. À l'aide des éléments donnés, écrivez des phrases à la forme passive. Mettez-les au passé composé.

   1. Le chômage   comparer   à une maladie.
   2. Les résultats   publier.
   3. Leur statut social   perdre.
   4. La perte d'un job   mieux supporter   par les femmes.
   5. Leur angoisse   noyer   dans l'alcool.

B. Répétez les mêmes phrases au présent. Comment la pensée change-t-elle?

C. La voix passive est nettement moins préférée en français que la structure active avec *on*. Transformez les phrases en haut à la forme active dans tous les cas possibles.

NOUNS AND ADJECTIVES ENDING IN *AL*

For most nouns ending in *al*, the spelling changes from *al* to *aux* in the plural (cheval, chevaux). For adjectives ending in *al*, only the masculine plural form changes to *aux*.

«... il se plaint de *maux* d'estomac»

«il se plaint de troubles *intestinaux*»

A. Changez les noms soulignés au pluriel et faites les changements nécessaires.

   1. C'est un <u>phénomène</u> social.
   2. Il est rédacteur en chef du <u>journal</u>.
   3. Le <u>corps</u> médical s'y oppose.
   4. C'est un <u>examen</u> national.
   5. C'est un <u>problème</u> social.

B. The following words are among the most commonly used in French. Give the plural form of each noun and the masculine plural form of each adjective.

Nouns	*Adjectives*
animal	amical
cheval	capital
hôpital	général
journal	local
mal	municipal
métal	postal
tribunal	principal (adj. et n.)

C. Combine into a phrase or sentence some of the words from the previous exercise with those given below, using always the *aux* form.

> MODÈLE: timbres
>
> *J'ai acheté des timbres postaux.*

domestiques	précieux	potins (*gossip*)
hebdomadaires	timbres	fleuves
de tête	services	principes

Prononciation

There are many language situations in French in which it is incorrect to pronounce a liaison between words. Examples of "liaisons interdites" include the following:

1. Between a singular noun and an adjective: un regard/étrange
2. Between a singular noun and a verb: Le valet/arrive.
3. In compound plural nouns: salles/à manger
4. After proper nouns: Jean/invite ses amis.
5. After a nasal pronoun (non-personal): Chacun/y va.
6. Between a nasal personal pronoun and the subjects *on, ils, elles*: A-t-on/une bonne raison?
7. After the pronouns *en* and *les: Donnez-les/aux enfants.*
8. Between *on, ils, elles* and a past participle: A-t-on/écrit?
9. After the interrogative adverbs *combien, comment, quand*: Combien/en veux-tu?
10. After the word *et*: et/on n'a pas de fric
11. Before the word *oui*: mais/oui

Lisez à haute voix les phrases suivantes.

1. C'est un soldat américain.
2. Le savon est cher.
3. On oublie souvent les accents aigus.
4. Strasbourg est une grande ville.
5. L'un a fini avant l'autre.
6. Qu'a-t-on annoncé?
7. Où sont-ils allés?
8. Il dit oui.
9. Et ils y arrivent.
10. Goûtez-les un peu.

Réactions et création (À discuter ou à écrire)

A. À soutenir ou à disputer: Le chômage est essentiellement une question d'éducation.

B. Thèse à défendre: C'est le gouvernement qui doit agir pour réduire le chômage.

C. Sujet à traiter: Ce que je ferais si j'étais chômeur.

D. Portrait d'un chômeur «idéal» *où*
   Un chômeur/chomeuse que je connais.

Lexique

au sein de *prep phrase*   in the heart (middle) of
aux abords de *prep phrase*   approaching
cadre *m*   executive
comportement *m*   behavior
en revanche *conj*   on the other hand
humeur *m*   mood
noyer   to drown
(se) plaindre de   to complain

quinquagénaire *m*   fifty-year old
(se) rabattre   to fall back on
rédacteur *m*   editor
reprendre   to reply
ressentir   to feel
soin *m*   care
statut *m*   status
vécu *pp*   lived
vieillir   to grow old

Cadre 13

Un Cadeau de la France

LECTURE

La Statue de la Liberté

La Statue de la Liberté se situe sur l'île de la Liberté à New York
City.

LA STATUE DE LA LIBERTÉ is an excerpt from a French-language travel brochure, prepared by the National Park Service, on one of the most popular meccas for French guests—the Statue of Liberty. It was chosen because the monument evokes a strong emotional response from both French and American citizens. From the beginning, the statue has provided a bond of unity between the two nations. The story of its building dramatizes this truth.

La Statue de la Liberté

La Statue de la Liberté a été érigée° en tant que monument à une grande amitié internationale; elle a cependant acquis une signification beaucoup plus étendue de nos jours.° Pour le monde entier, c'est un symbole des idéaux de liberté humaine sur lesquels sont fondés les États-Unis et leur gouvernement. Des millions d'immigrants qui ont traversé l'océan en quête d'une liberté et de possibilités plus grandes ont été accueillis par cette statue colossale. — mise en place / aujourd'hui

En 1865, l'historien français Édouard de Laboulaye a proposé qu'un monument commémoratif soit érigé afin de marquer l'alliance de la France et des États-Unis pendant la Révolution américaine. Ce devait être une entreprise conjointe des deux pays et un jeune sculpteur alsacien, Frederick Auguste Bartholdi, fut envoyé en Amérique pour y étudier et discuter le projet avec des amis.

Après son arrivée aux États-Unis, Bartholdi imagina une statue gigantesque s'élevant dans le port de New York, à la porte du Nouveau Monde, représentant non seulement l'amitié de deux pays, mais aussi leur héritage commun—la liberté. La conception de Bartholdi du monument international fut adoptée en 1874 et des comités chargés de mener à bien° le projet furent établis dans les deux pays. Il fut convenu que le peuple français financerait la construction de la statue et que le peuple américain fournirait le piédestal sur lequel elle devait reposer. — compléter

La réponse empressée du peuple français ne se fit pas attendre et une campagne fut lancée en vue de réunir les fonds nécessaires au moyen de spectacles publics. Le coût de la statue fut plus élevé que prévu mais, à la fin de 1879, la somme requise, soit 250 000 dollars, avait été rassemblée. Cette somme fut souscrite en totalité par la population et il ne fut pas nécessaire d'avoir recours à l'aide du gouvernement.

Dès que son plan fut approuvé, Bartholdi commença à travailler aux dessins de la statue dans son studio parisien. L'élargissement de son «modèle de travail» de 9 pieds (moins de 3 mètres) jusqu'à l'échelle actuelle nécessita toute l'ingéniosité du sculpteur. Le modèle de plâtre fut d'abord reproduit quatre fois plus grand que sa

La statue a été construite section par section dans le studio parisien de Bartholdi.

taille originale, puis section par section, il fut élargi à sa hauteur actuelle de 152 pieds (45 mètres environ).

L'été 1884, lorsque toutes les pièces de la statue furent rassemblées, elle se dressait telle un véritable colosse dominant les toits de Paris. Le 4 juillet 1884, la statue achevée fut officiellement présentée aux États-Unis. L'année suivante elle fut démontée et emballée° afin d'être expédiée à New York.

Les efforts américains visant à réunir les fonds pour construire le piédestal furent ralentis° par l'apathie du public. L'Île Bedloe (appelé maintenant Liberty Island) dans le port de New York fut choisie comme emplacement, mais les fonds effectivement requis dépassèrent de loin le coût estimé de 150 000 dollars. Les travaux sur le piédestal s'arrêtèrent complètement en automne 1884, alors que 15 pieds (4m50) seulement de la structure étaient achevés et que tous les fonds étaient épuisés. Une somme supplémentaire de 100 000 dollars était nécessaire pour la reprise de la construction, mais le public n'était pas disposé à apporter une nouvelle contribution au projet.

défaite et préparée pour le voyage

rendu lents

En mars 1885, le journal de New York, *World*, qui s'était préalablement°   *recently*
attaché à lancer la campagne pour le piédestal, reprit sa croisade en quête de con-
tributions. Dans des éditoriaux journaliers, Joseph Pulitzer, rédacteur du *World* et
lui-même un immigrant, s'attaqua à l'indifférence du public et encouragea
l'organisation de représentations,° d'épreuves sportives et de spectacles pour   *shows*
réunir les fonds nécessaires. Les efforts de Pulitzer eurent tant de succès qu'en
moins de cinq mois la somme était rassemblée. Le piédestal fut achevé le 22 avril
1886.

Le 28 octobre 1886, la statue de «La Liberté éclairant le Monde» fut inaugurée
lors de cérémonies impressionnantes auxquelles participèrent des dignitaires des
deux pays. Le Président Grover Cleveland, en acceptant le monument au nom du
peuple des États-Unis, promit solennellement: «Nous n'oublierons pas que la
Liberté a fait ici sa demeure;° et l'autel° où elle est à jamais consacrée ne sera pas   *résidence / lieu sacré*
non plus négligé.» Cette promesse a été tenue.

Au cours des années qui ont suivi, ce brillant symbole de liberté a été confié aux
soins de la Commission des phares, du Ministère de la Guerre et du Service des
Parcs nationaux. En 1924, la Statue de la Liberté a été déclarée monument
national. En 1956, le Congrès a changé le nom de l'île pour lui donner celui de
«Liberty Island» en reconnaissance de la signification symbolique de la statue et
en raison du projet d'établir à sa base le Musée américain de l'immigration, en
l'honneur de ceux qui ont choisi de s'installer sur ces rives.° En 1965, l'île voisine,   *shores*
Ellis Island, qui servit de centre d'accueil pour des millions d'immigrants aux
États-Unis, fut ajouté au monument par proclamation présidentielle.

> National Park Service Brochure
> U.S. Department of the Interior

VÉRIFICATIONS

A. Dans chaque phrase, rayez (*cross out*) la partie qui ne convient pas.

1. C'est/Ce n'est pas un symbole célèbre, la Statue.
2. Elle a/Elle n'a pas accueilli les immigrés.
3. Édouard de Laboulaye l'a/ne l'a pas proposée comme accueil pour les
   immigrés.
4. Auguste Bartholdi fut/ne fut pas le sculpteur.
5. Il fut convenu que le peuple français/américain financerait le piédestal.
6. La somme requise pour la statue fut/ne fut pas rassemblée par le
   gouvernement.
7. Le modèle de plâtre fut/ne fut pas construit à Paris.

La «petite sœur» de Liberté se trouve à Paris, au milieu de la Seine.

8. Le piédestal fut achevé avant/après la statue.
9. Les fonds nécessaires pour le piédestal furent/ne furent pas réunis par des représentations et des jeux sportifs.
10. Ellis Island fait/ne fait pas partie du monument.

B. Complétez chaque phrase en fournissant des informations pertinentes. Répondez d'abord sans regarder le texte, puis vérifiez votre réponse dans le texte. Cet exercice peut se faire en groupe.

1. Le journal, *World*, a lancé...
2. Le Président Grover Cleveland a promis de...
3. Le 28 octobre 1886, la statue fut...
4. Bartholdi s'imagina une statue...

5. Les efforts américains pour réunir les fonds nécessaires furent ralentis par...
6. La Statue a été érigée en tant que...
7. Auguste Bartholdi fut envoyé en Amérique pour...
8. En 1924 la Statue a été déclarée...
9. En 1956 le Congrès a changé...
10. Ellis Island servit de...

DÉFIS

A. Relevez dans le texte les mots français qui correspondent aux mots anglais suivants:

erected	gigantic	requisite
estimated	inaugurate	acquired
heritage	pedestal	impressive
ocean	committees	colossus
brilliant	historian	project
apathy	success	enterprise
campaign	island	ingeniousness

Question: Quels changements orthographiques constate-t-on d'anglais en français?

B. **Mots brouillés.** Les mots brouillés suivants étaient tous utilisés dans la lecture. Les reconnaissez-vous?

1. n é u e t e d
2. i m o m f m r o c é t a
3. é s m e r p e s e
4. a s l c p e s e c t
5. t i v n s a

C. Complétez les locutions structurales suivantes tirées du texte.

1. _____ vue _____
2. _____ _____ fin _____
3. _____ _____ honneur _____
4. _____ jamais (consacrée)
5. _____ moyen _____
6. _____ nom _____
7. _____ raison _____
8. (dépassèrent) _____ loin
9. _____ quête _____
10. Dès _____

D. *En tant que* veut dire autant/comme.

E. «Une signification beaucoup plus *étendue...*» *Étendue* veut dire grande/ tendue.

F. «Le coût de la statue fut plus *élevé*». *Élevé* veut dire cher/pressé.

G. «L'élargissement... jusqu'à l'échelle *actuelle...*» Ici, *actuelle* veut dire réelle/ présente.

H. (La statue fut...) *démontée* et *emballée.*

    1. D'habitude, on *démonte* une machine/un arbre.

    2. D'habitude, on *emballe* un ballon/un paquet.

 I. *Dès que* signifie avant que/aussitôt que.

 J. «Elle *se dressait* telle un véritable colosse...» *Se dressait* signifie apparaissait/se cachait.

K. «... tous les fonds étaient épuisés». Cela veut dire—les travailleurs étaient fatigués/il n'y avait plus d'argent.

L. Le mot *ralentis* est le contraire du mot accelérés/pauvres.

M. Une promesse non-tenue est une promesse formelle/oubliée.

N. «Il fut convenu» fait allusion à une convention/un accord.

STRUCTURES

LE PASSÉ SIMPLE: *AVOIR* ET *ÊTRE*

être		*avoir*	
Je fus	Nous fûmes	J'eus	Nous eûmes
Tu fus	Vous fûtes	Tu eus	Vous eûtes
Il/Elle fut	Ils/Elles furent	Il/Elle eut	Ils/Elles eurent

Since *être* and *avoir* are frequently used to describe a *past condition*, the *passé simple* of these verbs can be rendered in less formal language by the *imparfait*.

Rewrite the following sentences by replacing the *passé simple* with the equivalent form of the *imparfait*.

    1. La Statue de la Liberté fut un cadeau de la France.

    2. Édouard de Laboulaye eut une grande obsession.

3. La France et les États-Unis furent des alliés pendant la Révolution américaine.
4. Nous autres Américains n'eûmes pas les fonds nécessaires pour le piédestal.
5. Joseph Pulitzer eut une idée pour réunir les fonds nécessaires.

DEVOIR: SUPPOSED TO

The verb *devoir* may be used to signal an unfulfilled intention.

«Ce *devait* être une enterprise conjointe.»
It *was to be* or *was supposed to be* a joint effort.

Traduisez.

1. It was supposed to be completed in 1879.
2. The Americans were supposed to build the pedestal.
3. Bartholdi was to be the sculptor.

LEQUEL

When referring to an antecedent which is non-personal and is the object of a preposition, a form of *lequel* must be used as the relative pronoun object.

«... c'est un symbole des idéaux de liberté sur *lesquels* sont fondés les Etats-Unis.»

Combine the two sentences into one, using a form of *lequel* as the relative pronoun object.

MODÈLE: La statue était colossale. Édouard de Laboulaye a pensé à cette statue.

La statue à laquelle *Édouard de Laboulaye a pensé était colossale.*

1. Le studio fut petit. Bartholdi a travaillé dans ce studio.
2. La raison était l'amitié de deux pays. On a construit la statue pour cette raison.

3. L'indifférence fut un gros problème. Joseph Pulitzer s'est attaqué à l'indifférence.
4. Les outils sont dans le musée. Bartholdi a dessiné la statue avec ces outils.

Réactions et création (À discuter ou à écrire)

A. La Statue de la Liberté est un symbole universel.

B. La liberté ne se vend pas bon marché.

C. Les Français, nos amis: quelques pensées.

Lexique

convenu *pp*   agreed
croisade *f*   crusade
de loin *adv*   by far
(se) dresser   to tower, stand up
emballer   to wrap
empressée *adj*   eager
en tant que *conj*   as
épreuve *f*   competition
étendue *pp*   extended
fonds *m*   money

lancer   to launch
préalablement *adv*   previously
ralentir   to slow down
rédacteur *m*   editor
reprise *f*   re-opening
rive *f*   shore
souscrite *pp*   subscribed
taille *f*   size
visant *pr p*   aiming at

Cadre 14

Loisirs

LECTURES

Six Ans de vacances en famille
Le Tiercé

La plage présente des loisirs qu'apprécient toujours les gens en vacances.

SIX ANS DE VACANCES EN FAMILLE, although appearing in the French magazine *Parents*, is about the adventures of a young German couple who dared to make a dream come true. It is included as a tribute to the human spirit, a gesture that perhaps also explains its first appearance in the French press. It relates to the chapter theme by being an extreme example of leisure. For there are always a few brave souls to ask, "Pourquoi pas?"

Six ans de vacances en famille

Combien de citadins, de fonctionnaires, d'étudiants, d'ouvriers, de médecins rêvent de courses lointaines! Un reportage à la télé et nous voilà embarqués vers des eaux claires où se reflètent des cocotiers,° des sables d'or, des paradis transparents. *coconut trees*

Pour Dieter et Sigrid Markworth, 32 et 28 ans, tous deux professeurs d'anglais et de sport à Kiel (en Allemagne), le rêve est devenu réalité.

Comment en arrive-t-on à tout abandonner pour vivre sur l'eau? Dieter et Sigrid avaient un destin clair: une carrière de'enseignant, sans problèmes, la lente

«La préparation dura six ans....»

montée vers la retraite. «Notre existence nous paraissait réglée dans les moindres détails. Tous les jours la même chose.»

Mais il n'est pas aussi facile de s'évader. Le jeune couple n'avait ni bateau ni argent. La préparation dura six ans pendant lesquels ils épargnèrent jusqu'á 800 marks par mois. Ils renoncèrent aux joies de la société de consommation: la chaîne stéréo, la télé couleur. Peu à peu le rêve se réalisait. Chaque privation était un morceau de bateau qui fut enfin acheté. Le rêve secret du mari fut de faire un tour du monde. Le voyage dura six ans, de 1972 à 1978. Partis à deux, ils revinrent à trois.

À Las Palmas ils dépensèrent toutes les économies pour les provisions: quelque 600 boîtes de conserve, du papier toilette, de l'alcool, du savon et à boire pour trois mois. Dieter possédait une solide expérience du bateau.

Les Markworth se sont transformés en hommes à tout faire. Ils pratiquaient tous les métiers, comme tous les marins sur leurs bateaux. «Le coût de la vie en mer, dit Sigrid, n'est pas comparable. Pas de terme, pas d'impôts. On vit de ce qu'on a et seulement de cela.»

À un moment donné, un choc imprévu leur survint. Sigrid voulait avoir un bébé. Des problèmes surgissaient: Vivre à trois dans un espace grand comme une salle de bain? Jamais assez d'eau douce à bord. Et si l'enfant est malade? Ils ont quand même pris la décision de tenter leur chance.

Au 8e mois de sa grossesse Sigrid s'envola des Fidji pour la Nouvelle Zélande. Dieter la suivit à la voile. Après dix jours à la clinique la mère et le bébé remontaient dans le bateau.

La conclusion? «Moana ne posa jamais de problème à bord», raconte Sigrid. A dix mois elle marchait. À deux ans elle savait se servir du moteur du canot et elle connaissait les mots marins.

Enfin ils sont revenus à Kiel. Pendant six ans ils ont connu la vraie liberté, celle de la mer. Ils n'ont rien fui. Simplement ils voulaient mettre de l'air, de la beauté, des souvenirs dans leur vie. De l'ordre en quelque sorte.

Fréderic Musso
Extrait et adapté de Parents

VÉRIFICATIONS

A. Selon la lecture, le couple était attiré par un voyage exotique

1. pendant l'hiver.
2. à cause d'une émission de télé.
3. par nécessité.

    4. par une existence réglée dans les moindres détails.

B. Nous savons qu'avant le voyage Dieter et Sigrid
    1. ne s'intéressaient pas à leur travail.
    2. avaient des problèmes professionnels.
    3. étaient bien riches.
    4. avaient l'air d'être bien situés du point de vue professionnel.

C. Le jeune couple
    1. a longtemps préparé le voyage.
    2. ne voulait pas d'enfants.
    3. ne pensait pas aux provisions nécessaires.
    4. a fait très peu de sacrifices pour le projet.

D. Un avantage de la vie en mer est
    1. la bonne compagnie.
    2. le coût des provisions.
    3. les impôts raisonnables.
    4. l'adaptation à un niveau de vie nettement moins cher.

E. Après l'arrivée du bébé,
    1. rien n'a vraiment changé.
    2. ils ont terminé tout de suite le projet.
    3. ils ont dû s'arrêter souvent aux ports divers.
    4. des problèmes insurmontables sont survenus.

F. Trouvez une phrase...
    1. qui révèle le but véritable du mari.
    2. qui dit que Dieter n'était pas amateur de bateau.
    3. qui dit que la famille a grandi pendant le voyage.
    4. qui dit que Sigrid n'est pas restée longtemps à la clinique.
    5. qui donne la durée du voyage.
    6. qui prouve que l'arrivée du bébé n'était pas une surprise.
    7. qui contient les craintes du jeune couple.

DÉFIS

A. The first sentence starts with the word *Combien* but we know that it is *not* used interrogatively here. Give two reasons for this conclusion.

B. Trouvez dans la lecture un synonyme pour chacun des mots ou expressions suivants:

cependant	prendre un avion	habitants d'une ville
se changer	semblaient	partis
utiliser	se produisait	profession
faire des économies	s'échapper	voyages
inattendu	organisée	état d'une femme enceinte

C. Trouvez des mots à l'intérieur des mots suivants.

embarquèrent	montée
abandonner	provisions
existence	transformés
fonctionnaire	s'envola
reportage	enseignant

D. Trouvez dans le texte les mots français qui correspondent aux mots anglais suivants. Lisez-les à haute voix.

report	renounced	clinic
paradise	consumption	on board
transparent	alcohol	liberty
career	practiced	beauty
details	space	order

E. Complétez les phrases suivantes à l'aide des mots identifiés dans l'exercice précédent.

1. Il n'y a plus de lacs aux eaux _____ .
2. Victor Hugo avait aussi une _____ de diplomate.
3. Je ne veux pas entrer dans les petits _____ .
4. C'est un véritable _____ terrestre.
5. On a emmené le malade à la _____ .
6. Il n'y a pas assez d' _____ ici.
7. Cette boisson ne contient pas d' _____ .
8. J'ai vu un bon _____ à la télé.
9. J'ai cherché dans le bateau, il n'est pas _____ .
10. Elle _____ à tout espoir.

STRUCTURES

VERBES PRONOMINAUX

To form a reflexive verb, a reflexive pronoun which agrees with the subject is placed *before* the verb. The reflexive pronouns are: *me, te, se, nous, vous,* and *se.*

«Mais il n'est pas aussi facile de *s'évader.*»
«Peu à peu le rêve *se réalisait.*»
«À deux ans elle savait *se servir du* moteur du canot.»

A. Complétez avec les pronoms convenables.

1. Il ne _____ rappelle pas son nom.
2. Moi, je _____ souviens.
3. Il _____ empare de son vélo pour aller voir un ami.
4. L'impolitesse _____ répand en France.

B. Dites en français. (Chaque phrase se trouve dans ce livre.)

1. If you are (i.e., show yourself to be) polite I'll tell (i.e., inform) you.
2. In fact, it's a question of complicity.
3. Fear took care of (se charger de) the others.
4. The battle is situated at the level of one's mind (esprit).
5. At the "C.E.S." they make fun of him.
6. His teeth chatter.
7. What happens at St-Tropez is done all along the coast.
8. They notice that they can't sleep anywhere, anyway.
9. My parents don't get along.
10. At Taizé they give themselves to prayer.

STRUCTURE WORD REVIEW: PREPOSITIONS

Complétez avec la préposition convenable sans regarder le texte.

1. Ils étaient enfin _____ bord.
2. Ils ont pris la décision _____ tenter leur chance.
3. Vivre _____ trois _____ un espace grand comme une salle de bain?
4. Dieter la suivit _____ la voile.
5. Sigrid s'envola des Fidji _____ la Nouvelle Zélande.
6. Comment en arrive-t-on _____ tout abandonner _____ vivre sur l'eau?

7. La préparation dura six ans _____ lesquels ils épargnèrent 800 marks _____ mois.
8. Nous voilà embarqués _____ des eaux claires!
9. _____ dix jours à la clinique ils remontèrent _____ le bateau.
10. On vit _____ ce qu'on a et seulement _____ cela.
11. Les Markworth se sont transformés _____ hommes tout faire.
12. Le coût _____ la vie _____ mer n'est pas comparable.

Lexique

boîtes de conserve *f*   canned goods
citadin *m*   city-dweller
course *f*   trip
épargner   to save
(s') évader   to escape
or *m*   gold
   d'or *adj*   golden

retraite *f*   retirement
sable *m*   sand
savon *m*   soap
surgir   to arise
survenir   to happen
voile *f*   sail
   à la voile *adv*   by sailboat

LE TIERCÉ concerns gambling, an activity that is at least as popular in France as in the United States. *Le Tiercé* is a weekly athletic and social event that provides a topic of conversation in local cafés and wherever its devotees assemble. The feeling that a student of French life ought to know something about how it works provided the rationale behind this fact sheet, written for American students by two native French teaching assistants offering a more detailed look at the subject.

Le Tiercé

Qu'est-ce que le tiercé?
C'est une course de chevaux d'où sortent trois chevaux vainqueurs, et sur laquelle on parie de l'argent.

Quand?
En France, tous les dimanches il y a une course de chevaux qu'on appelle la course nationale, c'est-à-dire, que c'est la plus importante dans le pays et sur laquelle le plus de gens vont parier car elle est constituée des éléments les plus intéressants du monde hippique. Il y a aussi des courses le samedi. En général, ce sont les connaisseurs qui s'y aventurent car ils ont plus la notion de la course que «les parieurs du dimanche»

Où?
Il faut signaler que ces courses sont retransmises tous les dimanches à la télé et à la radio, en direct. Elles se courent sur des hippodromes (ou champs de courses), tels qu'Auteuil ou Longchamps à Paris, et Sterrebeek ou Groënendad en Belgique (région bruxelloise).

Comment?
Les joueurs vont prendre les paris pendant la journée qui précède la course, la limite du temps étant une demi-heure avant le début de la course. Les paris peuvent se faire directement au guichet de l'hippodrome ou dans des P.M.U. (Ce sont des bars tabacs qui donnent les tickets de tiercé et possèdent une machine à composter° les tickets de jeu.)   marquer

   On parie de l'argent, bien sûr, dans le but d'en gagner plus. Plus on parie d'argent sur un cheval ou sur les trois chevaux, plus on a de chances de beaucoup gagner. La récompense varie selon que le cheval était attendu à l'arrivée ou non: moins le cheval avait de chances de finir dans les trois premiers, plus les résultats sont élevés. Les chevaux sont donc cotés° selon qu'ils ont des chances de gagner   évalués
(exemple: 4 contre 1, 10 contre 1, etc.). Leur cote est faite également en fonction de leur passé de vainqueur ou de perdant.

Les paris

On parie toujours en regardant la cote du cheval. Si on parie sur un cheval bien coté, on a plus de chances de le voir à l'arrivée, si on parie sur un cheval moins coté, les chances d'arriver sont moindres, mais si le cheval arrive effectivement, ce sera le gros lot° puisqu'inattendu. — la grosse somme

En pariant, on tient compte du poids du jockey qui va monter le cheval, ainsi que du poids du cheval même. On pense également à la qualité du terrain (lourd, sec, bourbeux°) et au temps (pluie, vent, neige). Certains chevaux sont meilleurs — *muddy* sur terrains lourds par rapport à d'autres. On remarque la longueur du terrain à parcourir,° surtout par rapport au passé du cheval et à son âge. On s'intéresse — traverser finalement au fait qu'il s'agit d'une course de vitesse ou de routes d'obstacles, car certains chevaux ont leur spécialité.

Les «tuyaux»

Des «gens du métier» donnent des conseils à la radio, à la télé et dans les journaux. Certains journaux, tel le *Tiercé-dimanche*, sont même spécialisés dans les courses.

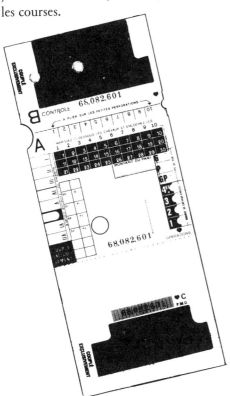

Un ticket de *pari couplé*

Classification de paris

1. *Le pari simple* consiste à désigner un seul cheval parmi les chevaux engagés dans l'épreuve. Ce pari simple peut être soit *gagnant*, soit *placé*. Si le parieur joue gagnant, le cheval désigné doit arriver le premier de l'épreuve; si le parieur joue placé, le cheval doit arriver dans les trois premiers de l'épreuve (deux premiers si l'épreuve est sur quatre à sept chevaux). L'enjeu minimum est de 10F et ses multiples.

2. *Le pari par report* est une succession de jeux simples, soit gagnants, soit placés. Il ressemble au jeu simple, avec cette difference: le gain résultant du pari sur le premier cheval *est reporté* en totalité sur le pari du cheval suivant dans l'ordre des courses désignées. L'arrêt du pari s'opère dès que l'un des chevaux ne se classe pas de la manière pariée. L'enjeu est aussi de 10F et ses multiples.

3. *Le pari couplé* consiste à désigner *deux* chevaux d'une même épreuve. S'il est engagé *gagnant*, les deux chevaux doivent être placés les deux premiers de la course, sans importance d'ordre; s'il est engagé *placé*, les deux chevaux doivent être deux des trois premiers de la course. Si le pari couplé est engagé *à cheval*, l'un des chevaux doit gagner et l'autre doit placer. L'enjeu est toujours de 10F et ses multiples.

4. Il existe aussi *le pari supercouplé*. C'est une dérivation du pari couplé car le parieur désigne trois chevaux sans préciser l'ordre d'arrivée. Si parmi sa sélection se trouvent les deux premiers de la course, le pari est *gagnant*, le rapport est *couplé*. Si le troisième cheval choisi est troisième à l'arrivée, le rapport supplémentaire est dit *super-couplé*. L'enjeu est ici de 12F minimum; l'enjeu de base étant 3F, tout enjeu doit être multiple de 3.

5. Dans *le pari tiercé*, le parieur doit sélectionner trois chevaux et spécifier la place et l'ordre d'arrivée qu'il attribue à chacun d'eux. De là, si le parieur a un ordre différent que celui d'arrivée, il touche au rapport *de base* qui est le rapport dans l'ordre inexact; s'il a le même ordre que celui d'arrivée, il va toucher au rapport *dans l'ordre exact*. L'enjeu minimum ici est de 5F.

Il y a, bien sûr, quantité d'autres paris qui rendent le sport intéressant et complexe. Le Tiercé est vraiment un jeu très aimé en France bien qu'il commence à être dangeureusement supplanté par le LOTO National, mais là, comme disent les adeptes, ce n'est plus du sport...

Monique Pipolo et Marie-Paule Thayamballi
West Virginia University

VÉRIFICATIONS

A. Le Tiercé a lieu

   1. seulement le dimanche.   3. tous les jours.
   2. le samedi et le dimanche. 4. seulement les jours de semaine.

B. On peut voir les courses

   1. seulement dans un hippodrome.
   2. seulement à la télé.
   3. dans un hippodrome ou à la télé.

C. On peut parier

   1. pendant la course.
   2. jusqu'au début d'une course.
   3. jusqu'à la veille d'une course.
   4. jusqu'à une demi-heure avant le début d'une course.

D. Un P.M.U.

   1. se trouve uniquement dans un hippodrome.
   2. se trouve dans les cafés et les pharmacies.
   3. a toujours une machine à composter les tickets.

E. La somme qu'on peut gagner

   1. dépend uniquement de la somme pariée.
   2. est toujours fixe.
   3. varie selon la somme pariée et le cheval qui gagne.

F. La *cote* du cheval se rapporte

   1. à son état physique.   2. à ses chances dans la course.

G. En pariant, on tient compte

   1. du poids du jockey.   3. du terrain.
   2. du poids du cheval.   4. de toutes les conditions en haut.

H. Les *tuyaux* sont

   1. les avis offerts sur les courses.   2. les P.M.U.

I. Le pari simple

   1. engage plusieurs chevaux.
   2. ne rapporte que pour un *gagnant*.
   3. désigne seulement un *placé*.
   4. paie un *gagnant* ou un *placé*.

J. Le pari couplé

    1. a un enjeu très cher.
    2. désigne deux chevaux.
    3. concerne deux paris successifs.
    4. est le pari d'un homme et une femme.

K. Le pari supercouplé

    1. désigne les deux chevaux les plus célèbres.
    2. est un jeu pour la télévision.
    3. exige que trois chevaux arrivent dans un certain ordre.
    4. est le même que le pari tiercé.

L. Le pari par report

    1. engage la somme gagnée dans la course suivante.
    2. apparaît seulement dans les journaux.
    3. désigne deux chevaux.
    4. n'a pas de pari *placé*.

M. Le pari tiercé

    1. exige un ordre exact pour gagner.
    2. coûte plus cher que les autres paris.
    3. ne concerne pas la course elle-même.
    4. est le moins cher des paris.

DÉFIS

A. «C'est une *course* de chevaux sur laquelle on *parie* de l'argent.» Vous ne connaissez peut-être ni *course* ni *parie* mais vous pouvez deviner le sens des deux mots par leur contexte. La *course* est quelque chose qui concerne les chevaux *et* l'argent. Quelle chose ou événement rapproche (*brings together*) chevaux et argent? Pour deviner le sens de *parie*, il faut se demander quelle action s'applique à l'argent dépensé à une course de chevaux? Vous voyez bien qu'il n'est pas nécessaire de chercher les mots dans un dictionnaire.

B. «connaisseur»; «parieur»; vainqueur»; «longueur»; «joueur».

    1. Lequel de ces mots est différent des autres? Pourquoi?
    2. Complétez les définitions suivantes:
        a. Un connaisseur est quelqu'un qui _____ .
        b. Un parieur est quelqu'un qui _____ .
        c. Un joueur est quelqu'un qui _____ .

3. Laquelle de ces définitions est probablement au passé composé? Pourquoi?

C. «...à la télé et à la radio, *en direct*.» La meilleure traduction d'*en direct* serait directly/live.

D. «Plus on parie *d'*argent... plus on a *de* chances...» Pourquoi *d'*argent et *de* chances au lieu de *de l'*argent et *des* chances?

1. Parce que la préposition *de* suit le verbe *parier*.
2. Parce que *de* fait partie d'une expression de quantité (*plus de*).

E. «On parie de l'argent dans le but d'*en* gagner plus.» Le mot *en* se rapporte au cheval/à l'argent.

F. Si la personne qui perd est un «perd*ant*», comment s'appelle celui qui gagne?

G. *Selon que* est une conjonction composée, formée d'une préposition et *que*. Complétez ces autres conjonctions du même genre.

1. p __ __ __ que   3. s __ __ __ que
2. a __ __ __ que   4. a i __ __ __ que

H. «...mais si le cheval arrive *effectivement*...» *Effectivement* est ce qu'on appelle un «faux ami» ici parce que son sens en anglais ne correspond pas à son apparence. Comment peut-on traduire le mot? Citez d'autres «faux amis» que vous connaissez.

I. «On parie en *tenant compte* du poids du jockey.» *Tenir compte* veut dire considérer/ajouter.

J. «Elles se courent sur des hippodromes *tels qu'*Auteuil...» Un synonyme de *tels que* serait pendant/comme.

K. «parmi les chevaux engagés dans *l'épreuve*...» Si vous ne connaissez pas *l'épreuve*, vous savez au moins (1) que c'est un lieu ou un événement où les chevaux sont (2) «engagés». Il y a une espèce de synonyme dans la lecture, notamment:

1. le guichet   2. la course

L. «le cheval doit... arriver dans *les trois premiers* de l'épreuve.»

1. Traduisez en anglais *les trois premiers*.
2. Comment la syntaxe anglaise est-elle différente du français?
3. Traduisez...
   a. the first two   d. the first five
   b. the first six   e. the last three
   c. the last four

M. «De là si le premier a un ordre différent que celui d'arrivée, il *touche au rapport de base... Touche au rapport* veut dire:

    1. gagne la somme   2. apporte au guichet.

---

    1. Quels sont les deux sens de *toucher*?
    2. Quelle règle morphologique (grammaticale) faut-il apporter avec *toucher*?
    3. Traduisez: He earns a rather high salary (*salaire*).

N. «... mais, comme disent *les adeptes,...*» Qui sont *les adeptes*?

    1. Les gens qui aiment le LOTO.
    2. Les gens qui aiment le Tiercé.

STRUCTURES

PARTICIPE PRÉSENT

The present participle is formed by adding *ant* to the verb stem. It is often used (1) as a dependant clause when combined with a subject and (2) after *en* to express the notion of *means* or *instrumentality* (how something is done).

    1. «... la limite du temps *étant* une demi-heure...»
    2. «On parie aussi en *tenant compte* du poids du jockey.»

A. Combine each pair of sentences, using a present participle construction.

    MODÈLE: Le film était fini. Nous sommes partis.
                Le film étant fini, nous sommes partis.

    1. Le train est en retard. Nous irons dans le buffet-restaurant.
    2. Les policiers n'avaient pas le droit de déshabiller les suspects. Ils les ont laissés partir.
    3. Les étrangers ne connaissent pas le quartier. C'est mon fils qui va acheter les provisions.
    4. L'impolitesse se répand en France. On commence à se demander pourquoi.
    5. La peur est si paralysante. Il faut la vaincre.

B. Combine each pair of sentences with *en* plus a present participle to indicate the means by which something was done.

> MODÈLE: Elle réussit. Elle étudie.
> *Elle réussit en étudiant.*

1. On rend la vie plus plaisante. On sourit.
2. Vous serez plus heureux. Vous gardez votre calme.
3. On aura la paix. On fermera les usines d'armements.
4. Je suis heureux. Je suis moi-même.
5. On n'apprend pas l'histoire. On apprend les dates par cœur.

DEFINITE ARTICLE (WITH DAYS OF THE WEEK)

The definite article can be used in a *general sense*. One example of this is when it occurs with a day of the week to express an action that occurs *repeatedly* or *habitually* on that day.

State an action that you perform regularly on each given day. Do not repeat the same verb.

1. Le dimanche, _____ .
2. Le lundi, _____ .
3. Le mardi, _____ .
4. Le mercredi, _____ .
5. Le jeudi, _____ .
6. Le vendredi, _____ .
7. Le samedi, _____ .

Réactions et création (À discuter ou à écrire)

A. À contester ou à défendre: S'enfuir pendant six ans en bateau, c'est de la folie.

B. Imaginez que vous ferez un voyage en bateau pour un an. Esquissez (*outline*) les préparatifs nécessaires.

C. Pourquoi je parie *ou* Pourquoi je ne parie pas.

D. Résumez une des lectures de ce cadre.

E. Mes loisirs.

Lexique

cote *f*   odds
course *f*   horse race
en direct *adv*   live (transmission)
guichet *m*   ticket window

hippique *adj*   horse
hippodrome *m*   race track
parier   to bet

Cadre 15

Ils parlent français aussi

LECTURES

Les Belges, orientés vers l'avenir

On les appelait les Pieds-Noirs

Ils parlent français aussi en Suisse, au Canada, au Maroc et au Sénégal.

LES BELGES, ORIENTÉS VERS L'AVENIR fills an information gap, for in American programs of French, Belgium is one of the most neglected Francophone countries. A friendly, cultured, and industrious people, the Belgians occupy a geographic and political position in the world which requires that they take a lively interest in economic realities. This article from *L'Express* reports some basic economic facts about Belgium.

Les Belges, orientés vers l'avenir

La Belgique: au cœur même de la mosaïque Europe, ce pays jeune, né voici à peine cent cinquante ans, reste à la fois une terre de transit et de traditions. Coincée au carrefour° des quatre vents de l'Histoire, la Belgique vit parfois mal la sienne. Hantée par l'Espagne ou la Hollande, les anciens maîtres, elle donne naissance, aujourd'hui, à trois mondes: la Flandre, la Wallonie et Bruxelles. Rudes Flamands, rebelles Wallons ou bons Bruxellois, les Belges ont toujours un roi et une reine, mais font mentir leur emblème: «L'union fait la force». Dans les rues de Bruges ou d'Anvers, de Liège ou de Namur vivent marins et capitaines d'industrie, ouvriers artisans ou patrons pionniers. Dans les canaux du plat pays ou dans les vallées du Sud, les caractères se sont souvent croisés. Les Belges se ressemblent. Par la volonté de vivre bien et de bien vivre. Petit pays, pays champion de l'exportation, la Belgique fait face au futur et choisit les techniques de pointe. Et ces pêcheurs, ces paysans, ces princes marchands manient laser et télématique,° alors que leurs pères maniaient acier et diamant. Comme dans une toile° de Bruegel: sur la voie de la lumière.

　　Prenez, par exemple, la Wallonie, région francophone entre la Sambre et la Meuse. Vieille terre industrielle tachée de terrils° et de cités noires. Le charbon,° le fer, le verre ont longtemps dressé ce décor, maintenant un peu dérisoire. Vers 1850, la Wallonie est, après l'Angleterre, le premier centre industriel d'Europe. Les Wallons font la loi, et l'élite parle français. Aujourd'hui, c'est fini. La crise, la dénatalité frappent durement ce pays où charbonnage et sidérurgie° sont en pleine débâcle. Alors à Charleroi, à Namur, à Liège, à Mons, le coq rouge— l'emblème wallon—semble perdre ses plumes sur fond jaune. Sur fond noir, disent certains... Pourtant, rien n'est perdu: de la Lorraine belge aux Ardennes, de Dinant à Verviers, on bouge. Après l'enlisement° de la lourde industrie, voici l'arrivée de la légère électronique, de la robotique. Étonnants Wallons! Jadis soldats à la cour de Charles Quint, capitaines courageux d'industrie, les voici aujourd'hui hussards du futur.

à l'intersection

data processing
peinture

slag-heaps / coal

métallurgie du fer et de l'acier

la déterioration

La Grande Place à Bruxelles

A la maison Herstal, près de Liège, vous trouverez des usines d'armement. Là, on a le choix d'un fusil ou d'une mitrailleuse Mag.° Cette fabrique nationale d'armes de guerre réalise un chiffre d'affaires de 27 milliards de francs belges et emploie 12 631 personnes.

                                                            arme automatique à tir rapide

Autre géant, les A.C.E.C. (les Ateliers de constructions électriques de Charleroi) ont grandi aujourd'hui un peu partout: au Portugal, en Allemagne fédérale, en France, en Argentine, au Zaïre. Multinationale maniant la technique de pointe, les A.C.E.C. sont sur tous les coups: énergies nucléaire et solaire, agro-alimentaire, aérospatiale, télématique. Les «carolos», comme on dit ici, travaillent dans le monde entier. De l'Algérie au Venezuela, la métallurgie wallonne fonctionne. Electronique à Courtrai (Barco Industries), télématique à Charleroi, fibre optique à Bruxelles, tout semble possible pour les Ateliers carolos. Merveilleux Wallons aussi, ces princes artisans qui sont les premiers dans la production mondiale de boules de billiard. Des atouts,° donc, dans un jeu difficile. «Situation nettement plus confortable» dit Jean-Maurice Dehousse, le président de

cartes les plus valables

l'Exécutif wallon, qui veut relancer la région suivant plusieurs axes: micro-informatique, robotique, biochimie, etc. Tout en évitant le gigantisme industriel.

Extrait et adapté de *L'Express*

VÉRIFICATIONS

A. **Mots clefs.** Reconstituez les phrases ou les idées du texte en complétant chaque phrase suivante.

1. La Belgique reste à la fois un pays de transit et de _____ .
2. Hantée par ses anciens maîtres, elle donne naissance aujourd'hui à _____ mondes: _____ , _____ , et _____ .
3. Les Belges se _____ par la volonté de vivre bien et de bien vivre.
4. Elle fait face au futur et choisit les techniques _____ .
5. La Wallonie est la région _____ .
6. L'emblème wallon est le _____ rouge.
7. Les industries principales des Wallons ne sont plus le _____ et la _____ .
8. La compagnie Herstal fabrique des _____ .
9. Les Wallons sont aussi les premiers dans la production mondiale de _____ .
10. Leur but est de relancer la région tout en évitant le _____ .

B. Identifiez les propositions parmi les suivantes qui s'accordent avec les informations du texte et celles qui ne s'accordent pas. Soyez prêt à justifier votre réponse.

1. La Belgique est un des pays les plus pacifiques du monde.
2. En Belgique, le niveau d'éducation est assez élevé.
3. La Belgique est un pays tranquille où les groupes différents s'entendent très bien.
4. Le charbon fut une fois un produit important de la région.
5. Il n'y a plus d'industries métallurgiques en Belgique.

DÉFIS

A. Trouvez les mots français dans la lecture qui s'apparentent aux mots anglais suivants. Prononcez-les bien. Puis, choisissez-en dix et mettez chacun dans une phrase complète.

pioneer	mosaic	diamond	giant
haunted	captain	decor	multinational
rebellious	canals	derisive	technology
emblem	champion	robotics	optical fibre
union	prince	armament	axis

B. «Vieille terre industrielle *tachée* de terrils et de cités noires.» Vous ne connaissez pas le mots *tachée*, mais vous en avez des indications: (1) Par sa terminaison «ée», il s'agit du participe passé d'un verbe. (2) Ce verbe se rapporte d'une manière quelconque à *terrils* et à *cités noires*. Alors, il est probable que le verbe signifie:

    1. encerclée   2. rendue sale

C. «*Coincé* au carrefour...» Vous ne connaissez pas le verbe *coincé* mais vous reconnaîtrez peut-être le nom *coin* à l'intérieur du verbe. Le verbe signifie probablement carrée/immobilisée.

D. «... la Belgique vit parfois mal *la sienne*.» Ce pronom possessif se rapporte à l'histoire/au carrefour.

E. Quelle phrase résume le mieux l'idée de l'exercice précédent?

    1. Du point de vue historique, la Belgique est bien située.
    2. L'histoire de Belgique n'a pas toujours été heureuse.

F. «Les Belges... font mentir leur emblème: «L'Union fait la force».» Cela veut dire que les Belges sont très unis/les Belges ne sont pas très unis.

G. «La Belgique choisit les techniques *de pointe*.» Cette expression signifie que leurs techniques sont vieilles/modernes.

H. «La crise, *la dénatalité* frappent durement ce pays.»

    1. Quel mot se trouve à l'intérieur de *dénatalité* et quel est l'équivalent en anglais?
    2. Le mot signifie donc une population diminuée/croissante.

I. «... où charbonnage et sidérurgie sont en pleine débâcle.» Cela veut dire que lesdites industries sont:

    1. dans un état d'expansion.   2. dans une période très difficile.

J. «Multinationale maniant la technique de pointe, les A.C.E.C. sont *sur tous les coups.*» Cela veut dire qu'ils sont bien diversifiés/bien troublés.

K. «Multinationale *maniant* la technique de point...»

    1. *Maniant* veut dire manifestant/manipulant.
    2. Quel nom se trouve dans la même famille lexicale que *maniant*?
    3. Comment ce nom contribue-t-il au sens du verbe?

STRUCTURES

PAST PARTICIPLE USED ADJECTIVALLY

French frequently uses a past participle at the beginning of a sentence as a variation in sentence structure.

«*Coincée* au carrefour des quatre vents de l'Histoire...»;
«*Hantée* par l'Espagne ou la Hollande...»

Combine the following pairs of sentences into a single sentence that begins with a past participle.

> MODÈLE: La Belgique est coincée au carrefour des quatre vents de l'Histoire. La Belgique donne naissance aujourd'hui à trois mondes.
>
> *Coincée au carrefour des quatre vents de l'Histoire, la Belgique donne naissance à trois mondes.*

1. La charbonnage et la sidérurgie sont frappés durement par la crise et la dénatalisation.
   Le charbonnage et la sidérurgie sont en pleine débâcle.
2. Nous sommes arrivés à Liège.
   Nous avons aperçu une belle cathédrale.
3. Le chocolat belge est vendu dans les boutiques de luxe.
   Le chocolat belge est exquis.
4. Les dentelles des Flandres sont connues partout dans le monde.
   Les dentelles des Flandres ne sont pas pour autant bon marché.

OMISSION OF ARTICLES WITH APPOSITIVES

Appositives are used without any article when they supply additional information which is presumably unknown to the reader.

«Rudes Flamands, rebelles Wallons ou bons Bruxellois les Belges...»
«Autre géant, les A.C.E.C....»

Combine the following sentences using an appositive without the definite article.

> MODÈLE: Jean-Jacques Rousseau était un précurseur du mouvement romantique. Jean-Jacques Rousseau est un des écrivains les plus célèbres de la littérature française.
>
> *Précurseur du mouvement romantique, Jean-Jacques Rousseau est un des écrivains les plus célèbres de la littérature française.*

1. *Tartuffe* est une pièce satirique de Molière.
   Tartuffe démontre parfaitement les procédés farciques.
2. Lyon fut un centre financier du Moyen Age.
   Lyon a un vieux quartier commerical très pittoresque.
3. Annecy est une ville charmante, sillonnée de canaux.
   Annecy offre un festival du lac chaque année en août.
4. Alceste est le héros inoubliable du *Misanthrope* de Molière.
   Alceste nous montre que la vérité est parfois ridicule.
5. «La Belle au Bois Dormant» est un conte quasi-universel.
   «La Belle au Bois Dormant» a été écrit par Charles Perrault.

Lexique

acier *m*   steel
coq *m*   rooster
croiser   to cross, meet
fabrique *f*   factory
fond *m*   background
fusil *m*   rifle
jadis *adv*   formerly

marin *m*   sailor
mentir   to lie
reine *f*   queen
roi *m*   king
rude *adj*   rugged
tachée *past part*   spotted, stained

ON LES APPELAIT LES PIEDS-NOIRS fills the gap left by the many cultural readers that treat the Francophone world but ignore the largest minority *within* France: les *Pieds-Noirs*. In 1962 a flood of former colonists, many of whom had been born and had lived their entire lives overseas, "returned" to France as a result of the war in Algeria. 1982 marked the twentieth anniversary of the exodus of these people from Algeria. This article from *L'Express* was part of an entire issue reviewing the history, problems, and progress of the *Pieds-Noirs*.

On les appelait les Pieds-Noirs

Français, ces Sanchez, ces Ramirez, ces Krauth ou ces Wagner? Ou ces Leonelli, ces Azoulay et ces Cohen? Hum... Eux, les Pieds-Noirs, ils le savaient. Mais les Français de France, le croyaient-ils vraiment? Toujours sur leurs gardes quand leur voisin ne s'appelle pas Dupont, et circonspects envers le Non-Hexagonal,° ils n'éprouvèrent jamais une fraternité naturelle pour ces compatriotes de l'«autre rive». [un citoyen français né en dehors de la France]

Vingt ans ont passé. Depuis que plus d'un million de français traversèrent la mer. Avec leurs rancunes,° leur colère, leur tristesse, longtemps demeurées tenaces. Le temps a fermé beaucoup de blessures, dilué l'amertume, et dissipé, surtout, la plupart des malentendus. Le vaste ensemble français, d'abord contracté, a absorbé peu à peu cet apport extérieur qui achève de s'y dissoudre doucement. L'intégration, c'était un des slogans de l'«Algérie française»: à ce cadeau tardif, les musulmans ont préféré l'indépendance. Voilà que se réalise aujourd'hui l'intégration des Pieds-Noirs en France. [haines]

Tout n'est pas égal, loin s'en faut: une communauté humaine n'est pas un tas de sable nivelé par quelque machine. Il y a les revanches éclatantes et les éclosions° inattendues, qui ne semblaient attendre, pour jaillir,° que de nouveaux espaces. [apparitions / apparaître brusquement]

Le premier obstacle que trouvèrent les Pieds-Noirs sur le chemin du retour était le plus dangereux de tous: les préjugés. Comme les idées reçues et les slogans fabriqués, ils sont connus pour avoir la peau dure. La richesse et l'arrogance d'un petit nombre de privélégiés—mais n'y en a-t-il pas partout?—furent généreusement attribuées à l'ensemble d'une communauté. Et quand, sur la fin des années 50, le pouvoir politique d'alors dut préparer l'opinion au grand virage° algérien, et justifier son action pour la rendre plus acceptable, il ne fit rien, du moins, pour contrarier ces rumeurs, s'il ne les encourageait pas en sous-main. [changement de direction]

Étrange, cette découverte soudaine de ces Français d'ailleurs, dont on avait fort peu parlé, au fond, depuis plus d'un siècle. On les appelait les Pieds-Noirs, mais

Dans certains quartiers d'Alger avant la guerre, on avait l'impression d'être transporté en France.

personne ne sait exactement pourquoi. Universitaire algérois et spécialiste s'il en est, le Professeur Xavier Yacono énumère un très grand nombre d'explications, «pittoresques mais fantaisistes», sans retenir une réponse satisfaisante. Le débarquement des soldats de Bourmont à Sidi-Ferruch, en 1830, avait ouvert la voie° et marqué le début de l'épopée° algérienne. Mais c'est surtout après les «soldats-laboureurs» de Bugeaud que s'installèrent les premiers colons. Une poignée° d'aristocrates séduits par l'aventure, puis tout un petit peuple misérable attirés des bords de la Méditerranée, en quête d'une chance et de nouveaux espaces: des Français, bien sûr, mais aussi des Maltais, des Italiens, des Espagnols.

préparé le terrain
récit poétique
quelques

Pour les réfugiés de la guerre d'Algérie, le voyage était dur et la
réception à Marseille n'était pas cordiale.

    La colonie des pionniers n'est pas une sinécure.° Pour certains, c'est même un
enfer. «Les villages se créent dans l'insécurité et l'insalubrité» écrit Geneviève
Bailac. La malaria, au début, décime colons et fonctionnaires. C'est dans ce
creuset,° où la réussite devient héroïque, que se forge le peuple pied-noir. Dans le
Retour de la famille Hernandez, un personnage demande:

emploi facile

lieu où diverses choses se
mêlent

—Vous connaissez la France?

—J'y vais jamais, répond l'autre. Seulement pour faire la guerre.

À partir de mai 1962, Marseille devient la grande porte du retour en métro-pole.° Sur les quais de la Joliette commence à s'accéler la flotte des bateaux. La ville s'agite, digérant mal ce premier afflux. De jeunes maladroits parcouraient la Canebière en klaxonnant les cinq notes de «Algé-rie fran-çaise», criant des slo-gans et agitant des drapeaux. «Mais où se croient-ils?», s'insurge l'homme de la rue. Le maire, Gaston Defferre, traduit: «Marseille ne sera pas Alger.» La rumeur pied-noir lui prête une phrase plus terrible, que l'on répète encore, vingt ans après: «S'ils ne sont pas contents, qu'ils repassent la mer.» Choc de deux mondes, qui se mesurent et s'apprennent.

France

Comment l'imaginaient-ils, à leur tour, cette France que l'écrasante majorité d'entre eux découvrent pour la première fois, dans ces jours sombres de 1962? Avant qu'elle apparaisse comme la «marâtre»° qui les rejette, ce qui frappe, c'est un respect quasi filial, une admiration, une sacralisation de la mère patrie. Qui n'est pas toujours la mère par le sang, mais le devient par l'adoption. Pour les Algérois, les Français, c'étaient des Martiens. Très chics, très distingués, mais d'une autre planète. Ils représentaient le modèle.

mère cruelle

Alors, où en est le dynamisme Pied-Noir? Ils sont partout: restauration, hôtel-lerie, commerce, promotion immobilière,° vignoble, cinéma. Dans le Langue-doc—Roussillon, Marc Di Crescenzo, Algérois, estime que «les rapatriés ont été la locomotive du développement régional; parce qu'ils y ont cru et foncé pendant que les autres se grattaient la tête». Et il ajoute fièrement, sans malice: «À La Grande Motte,° la première grue° était pied-noir.»

vente des propriétés

ville moderne expérimentale / crane

Extrait et adapté de *L'Express*

VÉRIFICATIONS

A. Vrai-Faux.

1. Depuis 1962, les Français se méfiaient des Pieds-Noirs.
2. Il y a longtemps les Pieds-Noirs habitaient l'Algérie.
3. Les Pieds-Noirs se sont intégrés dans la société française.
4. En arrivant en France, les Pieds-Noirs ne parlaient pas français.
5. Les Pieds-Noirs auraient préféré rester en Afrique.
6. Au début, les Français voyaient les Pieds-Noirs comme des aristocrats.
7. On les appelle «Pieds-Noirs» à cause de leur peau bronzée.
8. Les Pieds-Noirs connaissaient très bien la France.
9. À l'origine, les Pieds-Noirs étaient tous Français.

10. Pendant les vingt dernières années les Pieds-Noirs se sont montrés assez paresseux.

B. Trouvez la phrase (ou la proposition)...

1. qui dit que les Français n'avaient pas beaucoup discuté des Pieds-Noirs avant 1962.
2. qu'on ignore l'origine de l'expression *Pied-Noir*.
3. que l'intégration des Pieds-Noirs ne s'est pas parfaitement réalisée.
4. que les Pieds-Noirs ont contribué au développement de la France.
5. que les Français se méfient de certains noms étrangers.

DÉFIS

A. Trouvez dans la lecture des phrases qui contiennent des mots de la même famille lexicale que les suivants. Lisez à haute voix la phrase qui contient chaque groupe de mots.

> MODÈLE: réalisation—intégrer
> *Voilà que se réalise aujourd'hui l'intégration des Pieds-Noirs en France.*

1. blesser—amer—dissipation
2. immigré—existence
3. triste—tenacité
4. commun—humanité—niveau
5. riche—arrogant—privilège—générosité
6. écraser—découverte

B. «... pour ses compatriotes de l'«autre *rive*».» Évidemment, *rive* se rapporte à la Seine/la mer Méditerranée.

C. «Le vaste ensemble français, d'abord *contracté*...» Vous reconnaissez le mot *contracté* parce qu'il y a une forme pareille en anglais. Mais le verbe anglais ne s'applique jamais à une personne. Par analogie, on peut deviner le sens de ce participe passé. Il signifie tendu, nerveux/obligé, légal.

D. «... une communauté humaine n'est pas un tas de sable *nivelé*...» Il s'agit encore apparemment d'un participe passé d'un verbe inconnu. Cependant, en regardant de près, on aperçoit le radical *niv*, comme dans le mot *niveau*. *Nivelé* est un dérivé de *niveau*. Il veut dire lancé / rendu plat.

E. «Tout n'est pas égal, *loin s'en faut.*» Vous ne connaissez pas cet idiotisme mais vous pouvez deviner son sens au moyen du contexte. Par exemple, vous connaissez le mot *loin*. *Loin s'en faut* signifie:

1. que ladite proposition n'est pas du tout vraie.
2. que l'importance de ladite proposition est soulignée.

F. «... parce qu'ils ont cru, et *foncé*, pendant que les autres se grattaient la tête.»
Ce paragraphe note les progrès remarquables des Pieds-Noirs en France.
Alors, *foncé* veut dire probablement qu'ils:

1. sont allés vite   2. se sont ralentis

STRUCTURES

LE VERBE *CROIRE*

Présent:	Je le crois	Nous le croyons
	Tu le crois	Vous le croyez
	Il/Elle le croit	Ils le croient

Imparfait: Je le croyais
Futur: Je le croirai
Passé composé: Je l'ai cru

«Mais les Français de France, le *croyaient*-ils vraiment?»

Dites en français.

1. I think so.
2. I don't believe it.
3. They believe everything.
4. We believed that they would call (telephone) us.
5. I believed it.

PLUS QUE VS. *PLUS DE*

In French, "more than" is expressed by *plus que* or *plus de*. The latter is used when the next word is a number. The same rule applies to the distinction between *moins que* and *moins de* (less than).

«... *plus d*'un million de Français traversèrent la mer...»

Dites en français:

1. They have more than you.
2. There are more than 30 students in that class.
3. There were more than I thought.
4. I think there are more than that.
5. Do you have more than two children?

Réactions et création (À discuter ou à écrire)

1. Renseignez-vous sur la Belgique à l'aide d'une bonne encyclopédie, puis donnez à la classe un exposé oral. Après, comparez les faits saillants sélectionnés par les étudiants différents.
2. Renseignez-vous sur l'Algérie à l'aide d'une bonne encyclopédie. Contrastez brièvement son histoire avant et après l'indépendance.
3. Renseignez-vous sur la France à l'aide d'une bonne encyclopédie. Identifiez et discutez des minorités de la France métropolitaine.

Lexique

amertume *f*   bitterness
apport *m*   contribution
au fond *adv*   basically
colère *f*   anger
colon *m*   colonist
demeurées *past part*   having stayed
enfer *m*   hell
gratter   to scratch

insalubrité *f*   unhealthiness
klaxonner   to honk
malentendu *m*   misunderstanding
peau *f*   skin
rive *f*   bank
sable *m*   sand
tas *m*   heap

Lectures variées

LECTURES

Les Repas et le sexisme

Logement: louer ou acheter

La Pensée française à travers les citations

La cathédrale de Notre-Dame de Paris

LES REPAS ET LE SEXISME is the first of three diverse readings in Cadre 16. The readings are unrelated to one another, yet alike in that each reveals a different facet of French life. This article, a selection from a book entitled *Les Tabous des Français*, is an in-depth study of French culinary customs. In an age that seeks to identify sexism in all its forms, it is not surprising to find traditional French cuisine being examined from that perspective.

Les Repas et le sexisme

Le sexisme existe dans plusieurs tranches d'âge et dans des catégories socio-culturelles diverses, une distribution des rôles culinaires qui rappelle étrangement celle de la famille patriarcale. De vieilles croyances se maintiennent dans le domaine de l'alimentation, croyances qui renvoient à un système phallocratique.° Beaucoup obéissent encore à des «tabous».

  dominé par les hommes

On savait déjà que «la grande cuisine» était le territoire réservé des «chefs». Mais, comme les femmes «préparent souvent de bonnes choses», il fallait se justifier! Alors, certains allèrent jusqu'à distinguer la cuisine «d'invention» qui appartient aux hommes et la cuisine bourgeoise, familiale, voire régionale, faite de tours de main, de transmission d'un savoir, bref, de «reproduction sociale» où les femmes excellent...

Constatons simplement que cette vision manichéenne° se retrouve particulièrement dans les catégories socio-culturelles les plus élevées. Plutôt que de s'enfermer dans l'étude du stéréotype du chef, il faut chercher à saisir les mutations de cette autre image, celle de la mère nourricière.

  double

Elle préparait les repas, les servait. Qu'en est-il aujourd'hui? Dans certains milieux relativement modestes, cela n'a guère changé: «Quand je rentre du travail, je n'ai qu'une envie, me reposer, alors je ne vais pas commencer à faire la cuisine» déclare cet ouvrier de la région parisienne qui semble oublier que sa femme, elle aussi, a passé sa journée à l'usine. «Le matin, s'il part tôt pour son travail, il se fera encore des œufs sur le plat° et du café. Mais de là à faire tout un repas, ça non!» (agricultrice, 32 ans, Ouest). Ou encore cette employée des P.T.T.... «On a tous les deux de bonnes journées, mais en plus, lui, il milite. Alors, le soir, c'est moi qui m'occupe des enfants, qui fais les courses et prépare à dîner. Parfois, j'en ai marre et je me dis que, moi aussi, j'irai m'inscrire.» Nous retrouvons les mêmes propos chez cette femme d'artisan: «C'est vrai, c'est dur en ce moment, alors, après ses chantiers il va voir les clients, cherche à faire des devis.° Parfois il rentre et il est dix heures et demie. C'est pas une vie.»

  frits

  description d'un plan de construction

Une telle distribution des rôles reflète une division masculine des tâches ménagères. Elle évoque la structure familiale patriarcale et, effectivement, nous la retrouvons chez ceux qui s'en sont le moins éloignés, les plus âgés, particulièrement en milieu agricole, ainsi que certains ouvriers ou artisans qui expriment par là, d'ailleurs, un certain nombre de stéréotypes quant à leur virilité. Pourtant, même dans ces milieux traditionalistes, un certain refus des femmes émerge. Certes, elles perpétuent les conduites de leurs mères au niveau de l'alimentation, mais dans le même temps, elles imaginent d'autres possibilités de répartition des rôles. Elles ne subissent° plus passivement, elles ne pensent plus en termes de normalité, *supportent* mais acceptent des concessions avec plus ou moins de résistance, généralement au nom d'un «mieux être» économique et familial espéré.

Paul Bocuse est un chef connu mondialement.

Ce sexisme, nous le retrouvons dans des couches° traditionalistes lorsque le   secteurs
groupe familial est réuni pour manger. Comme nous l'avons déjà souligné, c'est la
femme qui dresse la table, apporte les plats, débarrasse. Parallèlement, les
hommes attachés, d'une façon souvent inconsciente, au privilège archaïque, se
réservent, tout comme l'ancestral patriarche, un certain nombre de rôles autour de
la table: la viande—qu'il s'agisse d'un rôti, d'un gigot° ou d'une volaille°—sera   *leg of lamb/poultry*
découpée par leurs soins, ainsi que le pain réclamé au cours du repas. Enfin, eux
seuls sont habilités à verser le vin. La symbolique d'un père dominant le groupe
familial et lui fournissant les produits essentiels à sa survie n'a donc point disparu.

N'exagérons pas ces comportements traditionnels: on rencontre aussi des attitudes différentes. Qu'il s'agisse des moins de 40 ans, de ceux que l'on appelle
«couches nouvelles» (cadres moyens, employés du secteur tertiaire, etc.) ou de
certains intellectuels et cadres supérieurs, la division des rôles relatifs à
l'alimentation apparaît plus floue. Parfois même on assiste à un véritable renversement: «On sert à table ensemble. Si l'un d'entre nous a envie de quelque chose,
il se lève pour aller le chercher. Vraiment on ne peut pas dire que ma femme serve
plus que moi et inversement» (professeur, 35 ans, Ouest). Ou encore: «Ma
femme a bien autre chose à faire, il est normal que je l'aide à faire manger toute la
famille» (programmateur, Est). «J'aime bien mettre la table, cela me repose et
pendant ce temps-là ma femme peut lire un peu» (employé, 24 ans, Centre).
«C'est plutôt mon mari qui s'occupe de mettre la table, d'apporter les plats. Il faut
dire qu'il mange plus vite que moi et qu'ainsi chacun vit à son propre rythme»
(femme d'ingénieur, région parisienne). Enfin ce cadre supérieur explique: «Ma
femme est à la maison toute la journée avec nos deux enfants. C'est crevant,°   très fatigant
peut-être plus que le travail de certaines femmes que je vois autour de moi. Alors,
quand je rentre, je lui dis d'en profiter pour souffler° un peu. S'il n'est pas trop   se libérer
tard, elle peut se permettre un peu de shopping. Ou bien elle se détend° et elle   se repose
fait tout ce qu'elle avait envie de faire, que les enfants ne lui avaient pas permis.
Moi, pendant ce temps, je discute avec eux, je mets la table, je prépare éventuelle-
ment le dîner.»

Jean Duvignaud et Jean-Pierre Corbeau
Extrait de *Les Tabous des Français*
Librairie Hachette

VÉRIFICATIONS
A. **Schéma de rôles et d'attitudes.**

	Homme	Femme
Traditionaliste		
Moderne		

Dans le schéma, écrivez les numéros des attitudes et rôles convenables.

1. Pour la grande cuisine, c'est moi le chef.
2. Préparer les repas de tous les jours.
3. Servir les repas.
4. S'occuper des enfants.
5. «Je me révolte contre la «normalité».»
6. Mettre la table.
7. Débarrasser la table.
8. Découper la viande.
9. Couper le pain.
10. Verser le vin.
11. Apporter les plats.
12. Faire des achats.
13. Travailler ensemble.

14. Aider à faire manger toute la famille.
15. «J'en ai marre.»
16. Fournir les produits essentiels.
17. «J'ai travaillé toute la journée, je suis fatigué(e).»
18. Subir passivement son rôle.
19. Imiter sa mère.
20. Dominer le groupe familial.

B. **Pourquoi?**

1. Pourquoi la grande cuisine se réservait-elle aux hommes?
2. Pourquoi est-ce que très peu a changé dans les «milieux traditionalistes»?
3. Pourquoi était-ce l'homme qui coupait le pain et versait le vin?
4. Pourquoi était-ce la femme qui faisait les achats?
5. Pourquoi est-ce qu'on tend à «faire ensemble» aujourd'hui?

DÉFIS

A. «Une telle distribution des rôles réflète une division masculine des *tâches ménagères*.» *Tâches ménagères* signifient des rôles professionnels/du travail à la maison.

B. Pour chaque mot suivant il y a un antonyme dans la lecture. Trouvez-les.

agissent	merveilleux
acceptation	manquer d'air
mettre la table	tard
la mort	la paix
fixée	la femelle

C. Trouvez dans la lecture un synonyme pour chaque mot suivant.

la nourriture	semble
demandé	«cela me détend»
classes (sociales)	voulait
assiettes	désir
la femme	suggérer

D. «Le sexisme existe dans plusieurs *tranches* d'âge.» *Tranches* veut dire admissions/groupes.

E. **Mots apparentés.** «De vieilles *croyances* se maintiennent.» C'est peut-être la première fois que vous rencontrez le mot *croyances*, mais vous reconnaissez le radical *croy* (de *croire*). Alors *croyance* est une chose (une idée) crue ou pensée. Identifiez les mots suivants, basés sur des radicaux familiers ou des formes familières. Lisez-les à haute voix et, pour chaque mot, donnez le sens.

> MODÈLE: domaine
>   Domaine *veut dire territoire.*

s'enfermer	stéréotype
nourricière	conduite
bourgeoise	répartition
constatons	souligné (*sens figuré*)
distribution	réclamé

F. «... la cuisine bourgeoise... faite de *tours de main*, de transmission d'un savoir.» Le contexte d'un mot inconnu comprend ce qui précède et ce qui suit le mot. Assez souvent, les mots qui suivent expliquent ou définissent le mot. Prenons, par exemple, *tours de main*. Nous savons (1) qu'il s'agit d'une action manuelle (main) et (2) que ces actions représentent un «savoir» transmis (de génération en génération). Alors, la meilleure traduction de *tours de main* serait "manual operations"/"tricks of the trade".

G. «Qu'en est-il aujourd'hui?» Quelle serait la meilleur paraphrase de cette question?

   1. Qu'est-ce que cette personne est devenue?
   2. Où en est la situation?

H. «Parfois, j'en ai marre...» Ce sont les paroles d'une femme mécontente. Alors, l'expression veut dire:

   1. J'en ai eu assez!   2. J'en veux.

I. «Nous retrouvons les mêmes *propos* chez cette femme d'artisan: «C'est vrai»...» *Propos* est suivi de deux points (:), qui introduisent une citation. Alors, *propos* signifient mots/actions propres.

J. *Répartition* veut dire partage/disparition.

K. «... la division des rôles... apparaît plus *floue*.» Vous ne connaissez pas le mot *floue*, mais vous avez les indications suivantes: (1) Le mot ressemble un peu à *flow* ou *fluid* en anglais. (2) Le contexte concerne l'organisation du travail ménager. Alors, *floue* signifie flexible/rigide.

STRUCTURES

STRUCTURE WORDS

Complete the following sentences with the appropriate structure word from the reading.

1. Le pain est coupé _____ le père.
2. Ma femme a bien autre chose _____ faire.
3. _____ ce temps-là ma femme peut lire un peu.
4. Parfois _____ on assiste à un renversement de rôles.
5. Les _____ de 40 ans, on les appelle les «couches nouvelles».
6. Ma femme fait _____ ce qu'elle avait envie de faire.
7. Je me dis que moi _____ , j'ai le droit de me reposer.
8. _____ à leur virilité, il n'y a rien à douter.
9. _____ nous avons souligné, c'est la femme qui dresse la table.
10. _____ vieilles croyances se maintiennent dans le domaine de l'alimentation.

CONTRACTIONS WITH *À* AND *DE*

The definite article contracts with the prepositions *à* and *de*:

à	*de*
le—au	le—du
la—à la	la—de la
l'—à l'	l'—de l'
les—aux	les—des

qui appartient *aux* hommes
des œufs sur le plat

Complete each sentence with the appropriate preposition.

1. Le bon citoyen obéit _____ lois de l'état.
2. Il y a _____ femmes qui excellent dans la grande cruisine.
3. C'est la distribution _____ rôles culinaires qui révèle le sexisme.
4. Cela appartient _____ hommes.
5. On trouve le sexisme dans _____ couches traditionalistes.
6. La femme _____ artisan n'était point contente.
7. Qui va s'occuper _____ repas?

8. Quant _____ jeunes, il faut qu'ils soient plus flexibles.
9. Il ne s'agit pas _____ moins de 40 ans.
10. Ma femme est _____ la maison toute la journée.

Lexique

alimentation *f*   food
couches *f*   strata
crevant *adj*   exhausting
débarrasser   to clear away
(se) détendre   to relax
effectivement *adv*   in fact
(s') enfermer   to enclose oneself
(s') inscrire   to join up

manichéenne *adj*   Manichean (sharply contrasting)
mettre (la table)   to set the table
souffler   to breathe
subir   to undergo
quant à *prep*   as to
survie *f*   survival
voire *adv*   indeed

LOGEMENT: LOUER OU ACHETER sheds some light on the severe housing problem faced by young couples in France today. This practical article from *Parents*
provides the basic wisdom needed by young people who must decide whether to
buy or rent. It also refers to a few peculiarly French forms of financial assistance.

Logement: louer ou acheter?

Pour les jeunes couples la question brûlante est: faut-il payer moins cher et rester
locataire° toute sa vie ou bien faire l'effort de devenir propriétaire de sa maison?
Voici très documentées et bien répertoriées° toutes les informations que vous
devez connaître pour répondre à la question.

une personne qui loue
une chambre ou
appartement /
organisées

Avant tout, parlons pratique et philosophie. Selon le métier que vous prati-
quez, selon vos humeurs, vous avez plus ou moins de chances d'être séduits. Si,
pour progresser dans votre vie professionnelle ou, parce que vous ne pouvez faire
autrement, vous êtes obligés de changer permanemment° de résidence, il faut
opter pour la location. En effet, les changements de résidence coûtent cher.

constamment

Si d'un commun accord, vous optez pour la famille nombreuse, vous vous
doutez qu'il vous faudra, plus tard, un logement relativement vaste. Impossible de
l'acquérir tout de suite, sans crever votre budget. Il vaut mieux commencer par
louer.

La mise initiale n'est pas un mince obstacle sur la route de ceux qui veulent
devenir propriétaires. D'une part, la loi exige de ceux qui veulent acquérir un
appartement à crédit qu'ils en paient 20% comptant. D'autant plus, certains frais
s'ajoutent aux prix. Leur total s'élève à environ 8%. C'est lourd, et bien des jeunes
couples ne disposent pas d'une telle masse d'argent. Il existe certes divers moyens
de limiter le poids de l'apport personnel.

1. La location-vente dans le cadre de laquelle on est d'abord locataire du logement que l'on projette d'acquérir, les premiers loyers constituant peu à peu
   l'apport personnel si l'on achète.
2. Le 1% patronal° ou aide que doivent les entreprises de 10 salariés ou plus
   aux membres de leur personnel en mal d'accession° à la propriété.

l'argent prêté par le
patron/qui manquent

3. Enfin toute une série d'aides ou de prêts complémentaires—prêts des Caisses
   d'Épargne, prêts aux fonctionnaires, prêts des Caisses d'Allocations Familiales, etc.

Enfin, tout dépend de l'inflation. Première hypothèse: les prix restent stables.
Dans ces conditions, les loyers en font autant. Par contre, les propriétaires vont
vivre pauvres pour mourir riches.

Conclusion: Si l'accès à la propriété ne vous est pas déconseillé pour des raisons d'ordre pratique, si vous pouvez résoudre le problème de l'apport personnel et faire un gros effort pendant trois ans, n'hésitez pas: empruntez et achetez. Vous êtes sûrement gagnant.

Pierre-Marie Guillon
Extrait et adapté de *Parents*

VÉRIFICATIONS

A. Choisissez la décision *a* ou *b* pour réagir à chaque condition exprimée dans la première colonne.

Conditions	*Décisions*
1. ____ Si vous n'avez pas l'argent nécessaire...	a. il faut louer.
2. ____ Si l'inflation est imminente...	b. il vaut peut-être mieux acheter.
3. ____ Si vous comptez changer d'emploi...	
4. ____ Si vous comptez avoir beaucoup d'enfants...	
5. ____ Si vous bénéficiez du 1% patronal...	

6. ___ Si vous avez un prêt quelconque...
7. ___ Si vous ne voulez pas faire un gros effort...
8. ___ Si vous ne voulez pas vivre pauvre pour mourir riche...

B. Pour chaque mot ci-dessous donnez une petite définition ou explication.

un prêt   le loyer
la location   un propriétaire
la location-vente un locataire

C. **Exercice de paraphrase.** Expliquez autrement la phrase suivante: «... les propriétaires vont vivre pauvres pour mourir riches.»

D. Dans la location-vente, on est:

1. acheteur
2. locataire
3. également acheteur et locataire

DÉFIS

A. «Si vous optez pour la famille nombreuse *vous vous doutez* qu'il vous faudra un logement relativement vaste.» D'après le contexte, *vous vous doutez* doit signifier doutez fort/soupçonnez.

B. «Impossible de l'acquérir sans *crever* votre budget.» *Crever* veut dire détruire/créer.

C. «D'une part, la loi exige... qu'ils en paient *20% comptant.*» Vous ne connaissez peut-être pas le mot *comptant* mais vous savez que (1) c'est une somme à payer et (2) beaucoup de jeunes n'ont pas (ne *disposent* pas de) cette somme. Alors, *20% comptant* est le taux d'intérêt/la somme à payer tout de suite.

D. «Il faut opter pour *la location.*» *La location* est un lieu/l'acte de louer.

E. «Il existe certes divers moyens de limiter le poids de *l'apport* personnel.» *Apport* est un nom dérivé du verbe *apporter.* Alors, il signifie ici contribution/dépenses.

F. «Pour les jeunes couples, la question *brûlante* est...» Vous connaissez bien le verbe *brûler.* Le mot s'emploie ici au sens figuré (non-litéral). Alors, un synonyme serait pénible/très intéressante.

G. Vous venez d'apprendre le mot *comptant*. Quand on achète quelque chose, on peut l'acheter comptant, ou bien par une deuxième méthode. Trouvez dans la lecture cette deuxième méthode.

H. **Mots apparentés.** Pour chaque mot ci-dessous, trouvez dans la lecture un mot de la même famille lexicale.

peser   acquisition
salaire   propriété
patron   séduction
stabilité   répertoire
gagner   option

I. «La *mise* initiale n'est pas un mince obstacle sur la route de ceux qui veulent devenir propriétaires.» *Mise* est un nom dérivé du verbe *mettre*. La première chose qu'on met quelque part pour devenir propriétaire c'est de l'argent. Quel est donc l'équivalent en anglais de *la mise initiale*?

STRUCTURES

DEMONSTRATIVE PRONOUNS

The demonstrative pronouns are: *celui* (Masc. Sing.), *celle* (Fem. Sing.), *ceux* (Masc. Plu.) and *celles* (Fem. Plu.).

«... sur la route de *ceux* qui veulent devenir propriétaires.»

Complete each sentence with the correct form of the demonstrative pronoun.

1. Voilà les deux solutions. Il faut choisir _____ qui plaira à la majorité des étudiants.
2. Je te dis, le meilleur conseil est _____ d'un bon ami.
3. De tous les problèmes, _____ qu'il faut adresser d'abord, ce sont les erreurs de pensée.
4. De toutes mes classes, _____ que j'aime le moins sont toujours les cours obligatoires.
5. Quant au logement, _____ que je préfère est quelque chose de très simple.

BEAUCOUP DE VS. *BIEN DES*

Bien des is a synonym of *beaucoup de* but it is used only with plural nouns. *Beaucoup de* may be used with either singular or plural nouns.

Restate the following quantity expressions substituting *bien des* for *beaucoup de.*

1. Beaucoup de livres ne valent pas être lus.
2. Elle a beaucoup d'amis.
3. J'ai lu beacoup d'articles sur le logement en France.
4. Je lui ai écrit beaucoup de fois.
5. Beaucoup de patrons vous donneront des prêts.

Lexique

caisse d'épargne *f*   savings bank
d'une part *conj*   on the one hand
frais *m*   cost, expense
humeur *f*   mood

loyer *m*   rent
patronal *adj*   from the employer
prêt *m*   loan
projeter   to plan on

LA PENSÉE FRANÇAISE À TRAVERS DES CITATIONS includes a selection of typical quotations, representing the thoughts of French philosophers, poets, and novelists over several centuries. *L'esprit français* has manifested itself in beautiful prose and poetry throughout the ages. Many of the examples presented here were chosen not only because of the ideas expressed but also to illustrate the classical alexandrine verse used to express them.

La Pensée française à travers des citations

15ᵉ Siècle

Mais où sont les neiges d'antan?°   du passé

          (François Villon, *Ballade des dames du temps jadis)*

Rien n'est sûr que la chose incertaine.

          (François Villon, *Ballade du concours de Blois)*

16ᵉ Siècle

La plus grande chose du monde, c'est de savoir être à soi.

          (Michel de Montaigne, *Essais* I, 39)

On peut continuer à tout temps l'étude mais pas l'écolage.

          (Michel de Montaigne, *Essais* II, 28)

L'intempérance est peste de la volupté,° et la tempérance n'est pas son   *sensuality*
fléau:° c'est son assaisonnement.°   calamité / *seasoning*

C'est une absolue perfection, et comme divine, de savoir jouir loyalement de son être. (Michel de Montaigne, *Essais* III, 13)

17ᵉ Siècle

Les passions sont les seules orateurs qui persuadent toujours.

On n'est jamais si heureux ni si malheureux qu'on ne s'imagine.

La bonne grâce est au corps ce que le bon sens est à l'esprit.

L'esprit est toujours la dupe du cœur.

Il y a de bons mariages, mais il n'y en a point de délicieux.

C'est une grande folie de vouloir être sage seul.

La gravité est un mystère du corps inventé pour cacher les défauts de l'esprit.

L'enfer des femmes c'est la vieillesse.

Il est plus nécessaire d'étudier les hommes que les livres.

(François de la Rochefoucauld, *Maximes*)

18ᵉ Siècle

Il y a certaines vérités qu'il ne suffit pas de persuader, mais qu'il faut encore faire sentir.

Vérité dans un temps, erreur dans un autre.

Les Français ne parlent presque jamais de leurs femmes; c'est qu'ils ont peur d'en parler devant des gens qui les connaissent mieux qu'eux.

(Montesquieu, *Lettres persanes*)

Le gouvernement est comme toutes les choses du monde; pour le conserver, il faut l'aimer.

Dans une nation libre, il est très souvent indifférent que les participants raisonnent bien ou mal; il suffit qu'ils raisonnent: de là sort la liberté qui garantit les effets de ces mêmes raisonnements.

De même, dans un gouvernement despotique, il est également pernicieux qu'on raisonne bien ou mal; il suffit qu'on raisonne pour que le principe du gouvernement soit choqué. (Montesquieu, *De l'esprit des lois*)

L'homme est né pour l'action, comme le feu tend en haut et la pierre en bas. N'être point occupé et n'exister pas est la même chose pour l'homme.

Si Dieu n'est pas en nous, il n'exista jamais.

(Voltaire, *Lettres philosophiques*)

Tout est bien, tout va bien, tout va le mieux qu'il soit possible.

(Voltaire, *Candide*)

Les hommes, avec des lois sages, ont toujours eu des coutumes insensées.

(Voltaire, *Essai sur les mœurs*)

Le paradis terrestre est où je suis. (Voltaire, *Satires*)

La volonté générale est toujours droite, mais le jugement qui le guide n'est pas toujours éclairé.

Peuples libres, souvenez-vous de cette maxime: On peut acquérir la liberté; mais on ne la recouvre jamais.

(Jean-Jacques Rousseau, *Du contrat social*)

L'art d'interroger n'est jamais si facile qu'on ne pense. C'est bien plus l'art des maîtres que des disciples; il faut avoir déjà beaucoup appris de choses pour savoir demander ce qu'on ne sait pas.

L'homme qui a le plus vécu n'est pas celui qui a compté le plus d'années, mais celui qui a le plus senti la vie.

Je hais les livres; ils n'apprennent qu'à parler de ce qu'on ne sait pas.
(Jean-Jacques Rousseau, *Emile*)

La jeunesse est le temps d'étudier la sagesse; la vieillesse est le temps de la pratique. (Jean-Jacques Rousseau, *Les reveries du promeneur solitaire*)

19ᵉ Siècle

L'honneur, c'est la poésie du devoir.
(Alfred de Vigny, *Journal d'un poète*)

Il n'y a point de vieille femme. Toute, à tout âge, si elle aime et si elle est bonne donne à l'homme le moment de l'infini.
(Jules Michelet, *L'Amour*)

Dieu n'a rien, étant tout. (Victor Hugo, *Dieu*)

L'énergie est la vie de l'âme comme le principal ressort° de la raison.   *spring*
(Napoléon, *Lettre à Lyon*)

20ᵉ Siècle

Le temps qui change les êtres ne modifie pas l'image que nous avons gardée d'eux. (Marcel Proust, *Le temps retrouvé*)

Le fond de la pensée est pavé de carrefours.
(Paul Valéry, *Quelques pensées de M. Teste*)

Le seule force, la seule valeur, la seule dignité de tout: c'est d'être aimé.
(Charles Péguy, *Notre jeunesse*)

Le silence n'existe pas: vivre, c'est se tenir au centre d'un ruissellement°   *son de l'eau qui coule*
que la mort seule arrêtera.
(François Mauriac, *Nouveaux mémoires intérieures*)

L'homme d'action est avant tout un poète.
(André Maurois, *Le Cercle de Famille*)

Si on ne peut plus tricher° avec ses amis, ce n'est plus la peine de jouer   *cheat*
aux cartes. (Marcel Pagnol, *Marius*)

Un homme qui lit, ou qui pense, ou qui calcule, appartient à l'espèce, et non au sexe; dans ses meilleurs moments, il échappe même à l'humain.
(Marguerite Yourcenar, *Les Mémoires d'Hadrian*)

La France? Une nation de bourgeois qui se défendent de l'être en attaquant les autres parce qu'ils le sont.
(Pierre Daninos, *Les Carnets du Major Thompson*)

Le silence est comme le vent: il attise° les grands malentendus et n'éteint   rend plus vifs
que les petits. (Elsa Triolet, *L'Ecrivain et le livre*)

La connaissance de la vie est comme le sable: elle ne salit pas.
(Elsa Triolet, *Le cheval roux*)

Vivre sans bonheur et n'en point dépérir, voilà une occupation, presque
une profession. (Colette, *En pays connu*)

VÉRIFICATIONS

A. Trouvez la citation...

1. qui dit qu'il faut trouver du plaisir en soi-même.
2. qui dit que les sentiments sont importants dans une discussion.
3. qui dit qu'il faut chercher le Dieu dans soi-même.
4. qui dit qu'il ne faut pas être trop sérieux quand on est jeune.
5. qui dit que toutes les femmes peuvent être «belles».
6. qui dit que la vraie sensualité exige de la modération.
7. qui dit que l'exercice de la raison assurera un gouvernement libre.
8. qui dit que la pensée se fait de la rencontre des idées.
9. qui dit qu'il ne faut pas avoir peur de la vie.
10. qui dit qu'il y a une certaine hypocrisie chez les Français.

B. **Pourquoi?** Ici vous allez deviner *le raisonnement* qui soutient certaines
citations.

1. Pourquoi le temps qui change les êtres ne modifie-t-il pas l'image que
nous avons d'eux?
2. Pourquoi l'énergie est-elle «la vie de l'âme»?
3. Pourquoi Jean-Jacques Rousseau hait-il les livres?
4. Pourquoi l'esprit est-il toujours «la dupe du cœur»?
5. Pourquoi la vieillesse est-elle «l'enfer» des dames?

DÉFIS

A. «Mais où sont les neiges d'antan?» Ce vers célèbre fait allusion:

1. au temps
2. aux femmes

B. «On peut continuer à tout temps l'étude mais pas *l'écolage*.» Vous ne connaissez peut-être pas le mot *écolage*, mais vous connaissez bien *école* et le suffixe *-age* (état de...). Alors, *écolage* signifie la période où l'on va à l'école/l'administration d'une école.

C. «Le *fond* de la pensée est pavé de carrefours.» Un synonyme de *fond* est la base/l'intérêt.

D. «La volonté générale est toujours droite...» Cette citation de Rousseau est évidemment d'un caractère psychologique/politique.

E. La remarque de Voltaire sur les lois et les coutumes des hommes est plutôt ironique/franche.

F. D'après les citations de F. Mauriac et E. Triolet, le silence est une bonne chose/un mal.

G. Selon La Rochefoucauld, l'imagination crée le bonheur et le malheur/est le résultat du bonheur ou du malheur.

H. **Étude de suffixes.**

Le suffixe-*age* marque le plus souvent une collection d'objets semblables, un état, ou le résultat d'une action. Le suffixe-*ement* s'ajoute aux radicaux de certains verbes pour en créer un nom.

écolage   ruissellement

Formez des noms d'après le suffixe monté en tête de colonne.

-age	*-ement*
feuille	grouper
outil	fonder
maquiller	éloigner
brancher	prolonger
dresser	enchanter

I. **Étude de diction.** Du point de vue structural, beaucoup de citations sont assez longues, se formant de phrases «à plusieurs groupes rythmiques». On peut diviser une telle phrase en deux parties, la «question», et la «réponse». Lisez à haute voix les citations suivantes, en insistant sur les deux parties de chaque phrase.

1. Le fond de la pensée est pavé de carrefours.
2. L'art d'interroger n'est jamais si facile qu'on ne pense.

3. Les Français ne parlent presque jamais de leurs femmes.
4. Les passions sont les seules orateurs qui persuadent toujours.
5. L'homme qui a le plus vécu n'est pas celui qui a compté le plus d'années, mais celui qui a le plus senti la vie.

STRUCTURES

NEGATIVE PATTERNS

In literary and occasionally in spoken French the word *ne* is used alone in a noun clause expressing fear (craindre que, avoir peur que) and in clauses which complete a comparison.

Rien n'est sûr que la chose incertaine.
On n'est jamais si heureux ni si malheureux qu'on ne s'imagine.

A. Complétez les phrases suivantes avec des pensées personnelles.
   1. Rien n'est bon que...
   2. Rien n'est difficile que...
   3. Rien n'est important que...
   4. Rien n'est vrai que...
   5. Rien n'est urgent que...
B. Complete the following sentences, imitating the second model sentence.
   1. On n'est jamais si _____ ni si _____ qu'on ne _____ .
   2. On n'est jamais si _____ ni si _____ qu'on ne _____ .
   3. On n'est jamais si _____ ni si _____ qu'on ne _____ .
   4. On n'est jamais si _____ ni si _____ qu'on ne _____ .

Réactions et création (À discuter ou à écrire)

A. **Exercice de stylistique.** Écrivez des maximes personnelles en imitant la structure donnée.

   MODÈLE: Le temps qui...
   Le temps qui passe ne laisse pas de trace.

1. Le fond de la pensée est...
2. La France? Une nation de... qui...
3. Vivre sans... et n'en point... voilà...
4. L'honneur, c'est...
5. La jeunesse est le temps de...; la vieillesse est le temps de...

B. Essai: Le sexisme dans la cuisine traditionnelle.

C. Logement: Conseils aux jeunes Américains (Dressez une liste de conseils pratiques destinés aux jeunes Américains.)

D. Prenez une citation et expliquez-la à fond ou bien expliquez pourquoi vous n'en êtes pas d'accord.

Lexique

bon sens *m*   common sense
enfer *m*   hell
haïr   to hate
indifférent *adj*   irrelevant
jouir de   to enjoy

loi *f*   law
malentendu *m*   misunderstanding
peste *f*   plague
pierre *f*   stone
volonté *f*   will

Cadre 17

Premières impressions de l'Amérique

LECTURE

Premières impressions de l'Amérique

Christine David et Viviane Vilain sur le campus de West Virginia
University

PREMIÈRES IMPRESSIONS DE L'AMÉRIQUE is an essay written by two French graduate assistants two years after their arrival in the United States. It is a chronicle of their expectations and perceptions, frankly revealed «après coup.» Many French people have written about the United States. Nevertheless, these words have a freshness and sincerity that make this comparison unique.

Premières impressions de l'Amérique

À bord du DC 10 qui nous emmène à destination de New York, nous vivons les premiers instants d'une expèrience unique qui va bientôt concrétiser notre rêve d'adolescentes: dans quelques heures, nous atterrirons° aux États-Unis et notre premier regard, à la fois étonné et inquisiteur, sera pour cette cité démesurée° qui fait bien souvent dans nos médias européennes la une° des journaux. Dans quelques heures, en effet, nous aurons presque basculé dans un autre monde, celui du racisme et de la violence, celui du gigantisme et de l'avant-garde, celui de l'argent et du «business»; voilà en quelques mots l'image que nous avons de l'Amérique,

arriverons
exagérée
le sujet le plus discuté

L'image de New York que se faisaient ces étudiantes françaises n'était pas exagérée.

image qui soit confirmée dès les premières heures passées à New York City, entre l'aéroport et l'hôtel où nous allons passer la nuit.

La taille° des voitures et des limousines est bien aussi imposante que dans les films hollywoodiens, à côté, il faut bien avouer°, notre petite R5 nationale fait figure de trottinette°; imposant aussi, le prix que nous devons payer pour une seule nuit à l'hôtel. Nous sommes terriblement impressionnées par le traffic, le mugissement interminable des sirènes de police et d'ambulances, le va-et-vient constant des porteurs, la foule de milliers de gens affairés° qui déborde des trottoirs. Le mythe n'est pas défloré°, du moins pas encore: voilà bien devant nos yeux, l'Amérique d'aujourd'hui, telle qu'on se l'imagine à quelque 5 000 kms de là, sur le vieux continent.

Notre arrivée à Morgantown (West Virginia) le lendemain va d'un trait° effacer l'étrange fascination qu'exerçait sur nous la grande cité américaine; là-bas, nous nous sentions toutes petites, quasi-anonymes parmi la foule; ici, nous avons presque le sentiment d'être de retour dans l'une de nos belles provinces françaises: les maisons, les rues, même les voitures ont retrouvé une dimension raisonnable, seuls les verres de plastique dans lesquels on vous sert les boissons «bien frappé»° (c'est le moins qu'on puisse dire si l'on en juge par la quantité de cubes de glace qui les noie complètement), sont restés les mêmes; là-bas, nous avions le sentiment d'évoluer dans un monde comptant dix ans d'avance sur le nôtre; ici au contraire, c'est un autre que nous découvrons, celui de «la douce France».°

La campagne environnante, vallonnée et verdoyante, nous séduit tout d'abord; cachés sous le lierre°, les bâtiments de l'université, style «vieille Angleterre», ont un certain charme à nos yeux et donnent au campus une atmosphère accueillante, bien que celui-ci soit encore à demi-désert en ce mois d'août. Les opinions des étudiants divergent souvent en ce qui concerne la qualité de la vie universitaire sur leur campus, de cela nous nous rendrons compte° peu à peu; en tant qu'étudiants français, cependant, nous ne pouvons que louer les avantages que nous avons trouvés ici après quatre années passées sur un campus de fac française. L'animation est presque toujours constante bien que limitée pendant les mois d'été, les services offerts aux étudiants, pratiques, précieux et variés (transports gratuits d'un campus à l'autre, loisirs, support moral et financier, etc.), les relations profs-étudiants beaucoup moins formelles qu'en France, l'atmosphère internationale, ce qui donne parfois à chaque étudiant étranger, le sentiment de se trouver au centre du monde.

En fin de compte, notre vision des États-Unis, ne s'est arrêtée ni sur New York, ni sur Morgantown. Au cours de plusieurs escapades vers la Nouvelle Angleterre,

grandeur
le dire
scooter

occupés
détruit

tout de suite

chilled

la belle France

ivy

saurons plus

Stewart Hall, West Virginia University

la capitale fédérale et les états voisins, nos yeux se sont posés sur d'autres aspects de l'Amérique, et de nouvelles impressions se sont rajoutées à celles de notre toute première rencontre.

Christine David et Viviane Vilain
West Virginia University

VÉRIFICATIONS

A. Les narratrices, deux jeunes Françaises, sont arrivées....

1. dans le train
2. en avion

B. Leur sentiment principal était....

1. la curiosité
2. la peur

C. Laquelle des images d'Amérique *ne correspond pas* à celles des Françaises?

    1. C'est un monde commercial.   3. C'est un monde artistique.

    2. C'est un monde violent.   4. C'est un monde progressif.

D.   1. Au début, la ville de New York a défloré le mythe des jeunes filles/ne les a pas déçues.

    2. Citez la phrase qui soutient cette opinion.

E. Sans regarder le texte, dressez au tableau noir deux listes juxtaposées: (1) les images préconçues des deux Françaises et (2) les réalités observées à leur arrivée.

F. Comment les voyageuses ont-elles trouvé Morgantown?

    1. Plus ou moins comme New York   3. Comme l'Angleterre

    2. Sans aucun charme   4. Comme une ville française de province

G. Que pensent-elles de la qualité de la vie universitaire ici?

    1. Elles en sont curieuses.   3. Elles ne s'y intéressent pas.

    2. C'est une qualité inégale.   4. C'est vingt ans en arrière.

H. Qu'est-ce qui les frappe tout d'abord?

    1. La bibliothèque   3. La Faculté

    2. La beauté des environs   4. Les transports

I. Trouvez la phrase qui dit...

    1. qu'elles ont vite oublié New York.

    2. que le campus n'est pas ennuyant.

    3. que les professeurs américains sont plus disponibles (accessibles) que les profs français.

    4. que l'ambiance du campus n'est pas froide.

    5. qu'il y a une seule ressemblance entre New York et Morgantown.

DÉFIS

A. Pour chaque mot ci-dessous, donnez d'autres mots dérivés de la même famille lexicale et fournissez-leur un contexte (une phrase ou une expression).

    MODÈLE: milliers—mille

                Merci mille fois!

| emmène | aéroport | concrétiser |
| destination | avouer | impressionnées |

démesurée   mugissement
atterrirons   trottoir

B. Quels mots ou expressions dans la lecture sont des synonymes des mots suivants?

surpris   en bref
préciser   impressionnante
moments   curieux
sans fin   comme
occupés   moyens de communication

C. «Être à la une des journaux» signifie littéralement *se trouver à la première page* (d'un journal). Citez des histoires ou des sujets qui sont actuellement à la une des journaux en Amérique.

D. Vous ne connaissez pas le mot *basculé* mais, en étudiant bien le contexte, vous pouvez deviner son sens général. Il signifie, plus ou moins, passé/quitté.

E. «... le *mugissement* interminable des sirènes....» Il est clair que *mugissement* fait allusion à une vision/un bruit.

F. «... le *va-et-vient* constant....» *Va-et-vient* veut dire le silence/l'activité.

G. «... la *foule* de milliers de gens affairés....» Evidemment, *une foule* est un petit nombre/un grand nombre.

H. «... qui *déborde* des trottoirs.» Devinez le sens de ce verbe en pensant à son radical *bord*, à son préfixe *dé*, et à son contexte. Expliquez comment vous êtes arrivé à votre conclusion.

I. Il y a deux mots dans la lecture qui contiennent le radical *trott*. Lesquels? Quel serait le verbe de cette famille lexicale?

J. Les jeunes Françaises trouvent les voitures de Morgantown plus grandes/plus petites que celles de New York.

K. «*là-bas*, nous nous sentions...» *Là-bas*, c'est la France/New York.

L. Elles semblent dire qu'elles apprécient beaucoup/n'aiment pas la petite ville.

M. «La campagne *environnante, vallonnée, verdoyante*....» Chacun de ces adjectifs contiennent un radical qui suggère son sens. Quels sont ces trois radicaux? Que veut dire chaque adjectif?

N. «... et donne au campus une atmosphère *accueillante*. » Ce mot évoque la froideur/la chaleur humaine.

O. Trouvez et prononcez bien les mots français qui correspondent aux mots anglais suivants.

efface	evolve
strange	advance
exercise	seduce
quasi	charm
reasonable	practical

P. **Résumé télégraphique.** Résumez la lecture en reconstruisant les phrases suivantes à l'aide des mots donnés.

> MODÈLE: Elles—arrivées—Morgantown—lendemain
> *Elles sont arrivées à Morgantown le lendemain.*

1. New York—se sentaient—petites
2. Ici—ont impression—retour—province française
3. Tout—retrouvé—dimension raisonnable
4. Campagne—les—séduites
5. Bâtiments—ont—charme
6. Opinions étudiants—divergent—qualité de vie universitaire
7. Nous—louer—avantages—ici
8. Exemple—services—relations profs-étudiants

Question: Quels mots transitionnels avez-vous utilisés en construisant ces phrases?

STRUCTURES

TEL QUE

The conjunction *tel que*, meaning "such as," has the following forms: *tel que, telle que, tels que, telles que.*

«voilà bien devant nos yeux, l'Amérique d'aujourd'hui, *telle qu*'on se l'imagine...»

Construisez des phrases à l'aide des mots donnés, y compris la forme correcte de *tel que*.

1. Voilà les problèmes	4. C'est un sport
2. Il n'y a pas de solution	5. C'est une robe
3. Voilà mes parents	6. Voilà les informations

LE FUTUR ANTÉRIEUR

Faites un voyage imaginaire en France. Dites ce que vous aurez vu et ce que vous aurez fait à la fin de ce voyage, par exemple: *Je serai allé à Paris. J'aurai visité le Louvre.* Écrivez au moins huit phrases, employant un verbe différent dans chacune.

... nous *aurons* presque *basculé* dans un autre monde. We *shall have* almost tumbled into another world.

MOTS STRUCTURAUX

Complétez avec le mot structural convenable.

1. New York exerçait _____ nous une étrange fascination.
2. Nous nous sentions _____ petites.
3. Nous étions _____ retour en province.
4. Les verres de plastique sont restés les _____ .
5. La campagne nous a séduit _____ d'abord.
6. Les opinions divergent en _____ qui concerne la qualité de la vie universitaire.
7. De cela nous nous rendrons compte _____ tard.

Réactions et création (À discuter ou à écrire)

A. New York, ce n'est pas l'Amérique.

B. Pour bien connaître l'Amérique, il faut connaître New York.

C. Voyages: comment se préparer pour le choc culturel d'un voyage à l'étranger.

D. Expliquez la vie universitaire américaine à un(e) jeune Français(e) qui vient d'arriver.

Lexique

à côté *adv*   besides
dès *prep*   from
entrevoir   to glimpse
lendemain *m*   next day
noyer   to drown

prix *m*   price
rêve *m*   dream
séduire   seduce
trottoir *m*   sidewalk

Lexique

à la belle étoile   under the stars
à la recherche de   in search of
à l'écart de   outside of
à nouveau *adv*   again
à peine *adv*   hardly
à savoir *conj*   notably
à travers *prep*   through
aborder   to meet
aux abords de *prep phr*   approaching
aboyer   to bark
abri *m*   shelter
accouchement *m*   delivery (of a baby)
accoucher   to give birth
(s') accrocher   to cling to
(s') accroître   to grow
accueil *m*   welcome greeting
accueillant *pr part, adj*   hospitable
accueillir   to welcome
achat *m*   purchase
acheter   to buy
acier *m*   steel
actuel *adj*   present
addition *f*   check (in a restaurant)
adepte *m*   fan
affamé (e) *adj or n*   starving (person)
affection *f*   ailment
afficher   to display
affluence *f*   flood
affronter   to confront
afin de *prep*   in order to
agir   to act **Il s'agit de...** It's a question
   of...
agressé *adj*   assaulted
ailleurs *adv or n (m)*   elsewhere
aîné(e) *m or f*   the oldest
ainsi *conj*   thus
ajouter   to add
aléas *m*   ups and downs
(s') allumer   to light up
alimentation *f*   food

alors *conj or adv*   then _____ **que** while
âme *f*   soul
amener   to bring
amertume *f*   bitterness
amitié *f*   friendship
angine *f*   sore throat
angoisse *f*   anguish
anniversaire *m*   birthday
antérieur *adj*   prior
(s') apercevoir   to notice
apitoyé *adj*   pitiful
appareil ménager *m*   household
   appliance
appartenance *f*   position
appartenir à   to belong to
appeler   to call
apport *m*   contribution
apprendre   to learn, teach
approfondissement *m*   deepening
(s') appuyer   to be supported
arracher   to tear away
arrière *adv*   rear **arriérés mentaux** *m pl*
   mentally retarded persons
asile *m*   asylum
(s') asseoir   to sit
assister à   to be present at
(s') assombrir   to grow dark
atelier *m*   workshop
atteindre   to reach, arrive at
atteint *pp*   stricken
attente *f*   wait
attirer   to attract
attraper   to catch
au delà (de) *adv*   beyond, more
au dessous de *prep*   under
au fond *adv*   basically
au jour le jour *prep phr*   from day to day
au moins *adv phr*   at least
au moyen de *prep*   by means of
au plus *conj*   moreover

au sortir de   on leaving
aucun *adj* or *pron*   no, none
auparavant *adv*   before
auprès de *prep*   around, near
aussitôt que *conj*   as soon as
autant... que *adv*   as much... as
autour de *prep*   around
autrui *indef pron*   another, others
avant de *prep*   before
avenir *m*   future
aveugle *adj* or *n*   blind (person)
avis *m*   opinion
avoir   to have _____ **envie de** to feel like
_____ **lieu** to take place _____ **raison**
to be right _____ **tort** to be wrong
avouer   to admit

basculer   to swing
baiser *m*   kiss
baisser   to lower **se** _____ to crouch
banlieue *f*   suburb
barbe *f*   beard
bas(se) *adj*   low
bercer   to rock
bêtise *f*   a stupid thing
biberon *m*   baby bottle
bien des *pron*   many
bien que *conj*   although
biens *m*   goods
bière *f*   beer
bijou *m*   jewel
bilan *m*   report
billet *m*   bill (money)
bistrot *m*   café
blessé(e) *adj* or *n*   wounded (person)
blessure *f*   wound
(se) blottir   to nestle
blouson *m*   jacket
boîte *f*   box
bon sens *m*   common sense
bonheur *m*   happiness
bonne *f*   maid

bord *m*   edge
bordereau *m*   ticket stub
botte *f*   boot
bouché *adj*   plugged, blocked
bouger   to budge, stir
bouillir   to boil
boulot *m*   job, work
bousculer   to bump into
bout *m*   tip **au** _____ **de** at the tip of
bruit *m*   noise
brûler   to burn
bruyant   noisy
buisson *m*   bush
but *m*   goal

cacher   to hide
caddie *f*   shopping cart
cadeau *m*   gift
cadre *m*   1. picture frame 2. executive
_____ **moyen** mid-level executive
cage d'escalier *f*   stairway
caille *f*   quail
caisse *f*   cash register _____ **d'épargne**
savings bank
camion *m*   truck
car *conj*   for
carrefour *m*   crossroad
carrière *f*   career
case *f*   hut
casquette *f*   cap
case *f*   basement
ce qui *pron*   what
céder   to yield
ceinture *f*   belt
central *m*   utility station
cependant *conj*   however
chacun *pron*   each
chameau *m*   camel
chaque *adj*   each
(se) charger de   to take care of
(se) chauffer   to warm oneself
chaussure *f*   shoe

chauve *adj*   bald
chercher à   to try to
chercheur *m*   researcher
chez *prep*   at the house of, with, among
chiffre *m*   figure (number)
chimique *adj*   chemical
chômage *m*   unemployment
chômeur *m* (euse *f*)   unemployed person
chose *f*   thing
choucroûte *f*   sauerkraut
chouette! *exclam*   great!
cirage *m*   wax
circulation *f*   traffic
citadin *m*   city-dweller
cœur *m*   heart
coiffeur *m*   hairdresser
coin *m*   corner
colère *f*   anger
coller   to stick
colon *m*   colonist
comme *conj or prep*   as
complaisance *f*   kindness
complet *m*   man's suit
comportement *m*   behavior
comprendre   1. understand 2. to include
comptabiliser   to account for
comptant *m*   cash
conduire   to drive
conjoint *m*   spouse
connaître   to know
contestataire (trice) *adj*   provocative, issue-oriented
contraignant *adj*   constrictive
convaincre   to convince
convenu *pp*   agreed
convoitise *f*   covetousness
copain *m*   buddy
coq *m*   rooster
cote *f*   odds
côté *m*   side à _____ de beside
couches *f*   layers, strata
coup d'œil *m*   glance

couper   to cut (off)
cour *f*   courtyard
courant *adj*   frequent, common
courir   to run
course *f*   errand, trip, race
cracher   to spit
craindre   to fear
crèche *f*   nursery school
creuser   to dig
crevant *adj*   exhausting, miserable
crever   to open up, explode
crier   to shout
croire   to believe
croisade *f*   crusade
croiser   to cross, meet
crouler   to crumble
cuillère *f*   spoon
cuire   to cook
curé *m*   priest

d'abord *adv*   first
d'ailleurs *adv*   besides
daube *f*   stew
de loin *adv*   by far
de nouveau *adv*   again
de même *adv*   likewise
de nuit *adv*   at night
de plus *conj*   moreover
de temps en temps *adv phr*   from time to time
de toute façon *conj*   anyway
débarrasser   to clear away
déborder   to overflow
(se) débrouiller   to get along, to manage
déchirer   to tear
découvrir   to discover
(se) défendre   to forbid (oneself)
dégueulasse *adj (argot)*   disgusting
(se) demander   to wonder
démarche *f*   behavior
d'emblée *adv*   from the outset
demeurer   to remain

dépassé *adj* past, surpassed
depuis *prep* for, since *adv* since
dérouté *adj* distracted, thrown off-track
dès *prep* from (a certain time)
———— **que** as soon as
désormais *adv* henceforth
dessin *m* drawing
dessinateur *m* draftsman
(se) détendre to relax
détonner to shock
détruire to destroy
devenir to become
devise *f* motto
devoir *m* duty
dévouement *m* devotion
(s') échapper to escape
échelle *f* 1. scale 2. ladder
éclairer to enlighten
éclaté *adj* striking
éclater to burst out, break out
(s') éclater to explode
écorcher to murder (a language)
écrasement *m* crushing
écrire to write
écriture *f* writing
écrivain *m* writer
édifier to construct
effectivement *adv* in fact
effeuiller to defoliate
(s') efforcer de to try to
égal *adj* equal **être** ———— **à** to be unimportant
également *adv* also, equally
élever to raise
(s') élever (contre qqch) to oppose
éloignement *m* great distance
emballer to wrap
émission *f* TV program
emmener to take
(s') emparer de to seize
empêcher to prevent
empressé *adj* eager

en arrière *adv* behind
en deça *adv* less
en direct *adv* live (transmission)
en plein air outdoors
en plus *adv* over and above, moreover
en quête de *prep* in search of
en revanche *conj* on the other hand
en sorte que *conj* so that
en tant que *conj* as
en train de *prep* in the process of
enceinte *adj* pregnant
encocher to make a notch
endroit *m* place
enfantillage *m* childishness
enfer *m* hell
(s') enfermer to enclose
(s') enfuir to flee
(s') engager to become involved
(s') engueuler to insult each other
enjeu *m* 1. stake 2. fee
(s') ennuyer to be bored
enquête *f* study, inquiry
enregistrement *m* recording
enrhumé *adj* with a cold
enseigner to teach
ensuite *adv* next
entendre to hear
(s') entendre to get along
enterrement *m* burial
(s') entraîner to train (for a sport)
(s') entrechoquer to chatter, to rattle
envahir to invade
envers *prep* towards
envie *f* desire **avoir** ———— **de** to feel like
environ *adv* about
environs *mp* vicinity
(s') envoler to fly away
envoyer to send
épais *adj* thick
épanouissement *m* development
épargner to save
épicier *m* grocer

époque *f*   period (of time)
épreuve *f*   competition, test
éprouver   to feel
épuisé *adj*   exhausted
épuisement *m*   exhaustion
épuipe *f*   team
escalier *m*   stairway
espérance *f*   hope
espoir *m*   hope
esprit *m*   wit, spirit, mind, soul
essayer   to try
étalage *m*   display
étaler   to display
état-major *m*   headquarters
éteindre   to extinguish
(s') étendre   to extend, to stretch out
étiquette *f*   label
étonnant *adj*   surprising
étonné *adj*   surprised
étouffer   to suffocate, choke
être *m*   being
(s') évader   to escape
éventualité *f*   prospect
éviter   to avoid
exiger   to require

fabrique *f*   factory
fainéant *m*   lazy, do-nothing person
faire   to do, make _____ **la queue** to
   wait in line _____ **marche arrière** to do
   an about-face
(il) faut   it is necessary **loin s'en** _____
   far from it
femme de ménage *f*   cleaning woman
fer *m*   iron
feu *m*   fire _____ **rouge** red light
feuilleton *m*   serialized story
(se) ficher   not to care about
fier (ère) *adj*   proud
flâner   to stroll aimlessly
fleur *f*   flower
fleurir   to flourish

fleuve *m*   river
flic de base *m*   cop on the beat
foi *f*   faith
foncer   to move fast, to hurry
fonctionnaire *m*   civil servant
fond *m*   content, background
fonds *m*   money
former *m*   to train
fouet *m*   whip **frapper de plein** _____
   shocked
fou (folle) *adj*   crazy
fouiller   to rummage
foule *f*   crowd
fournisseur *m*   supplier
frais *m*   cost, expense
frapper   to strike
friandise *f*   sweet, delicacy
fric *m (argot)*   money
fugue *f*   flight
fuir   to flee
fuite *f*   flight
fusil *m*   rifle

gager   to bet
gagner   to reach, earn, win
galerie *f*   underground tunnel
garde *f*   custody
gars *m*   boy, young man
gâter   to spoil
gaulois *adj*   Gallic
gavé *pp adj*   fully fed
gênant *adj*   bothersome
gens *m*   people
glacé *pp adj*   frozen
glisser   to slide
gonfler   to swell
gorge *f*   throat
grand cru *n m* or *adj*   from a select
   vineyard
gratte-ciel *m*   skyscraper
gratter   to scratch
gravité *f*   seriousness

grignoter   to nibble
grossesse *f*   pregnancy
(ne)...guère *adv*   scarcely
guerre *f*   war
guichet *m*   ticket window
guérir   to heal
guetter   to look for, wait for
guetteur *m*   look-out
guise *f*   wish

hâcher   to cut up
haïr   to hate
hanté(e) *pp*   haunted
hasard *m*   chance
hauteur *f*   height
hâvre *m*   haven
herbe *f*   grass
heurt *m*   squabble
hippique *adj*   horse
hippodrome *m*   race track
horaire *m*   schedule
horloge *f*   clock
humeur *m*   mood
hurlement *m*   howl, scream

ignorer   to be unaware, not to know
il y a *adv*   ago
immeuble *m*   apartment house
impôt *m*   tax
inconvénient *m*   disadvantage
indifférent *adj*   irrelevant
(s') infliger   to inflict
inouï(e) *adj*   unheard of
insalubrité *f*   unhealthiness
(s') inscrire   to sign up
(s') insurger   to rebel
interurbain *adj*   long-distance
issu *pp*   originated

jadis *adv*   formerly
jouir de   to enjoy
juste *adj*   accurate

jusque *prep*   as far as

kiosque *m*   newsstand
képi *m*   peaked cap
klaxonner   to honk

là-haut *adv*   up there
lâché(e) *pp*   released
lancer   to launch
landau *m*   baby carriage
langer   to dress (a baby)
laquelle *f* **(lequel** *m***)** *rel pron*   which
larme *f*   tear
lendemain *m*   the next day
lent *adj*   slow
leste *adj*   saucy, off-color
lèvre *f*   lip
lier   to link
lieu *m*   place
linge *m*   1. linen 2. laundry
lit *m*   bed
livrer   to hand over, to deliver
(se) livrer à   to give oneself to
locataire *m*   tenant
loi *f*   law
loin de *prep*   far from
longer   to walk along
lors *adv*   then _____ **de** at the time of
louer   to rent
lourd *adj*   heavy, slow
loyer *m*   rent
lumière *f*   light
lutter   to struggle

magasin *m*   store
main d'œuvre *f*   manual labor
maître *m*   master
malentendu *m*   misunderstanding
malgré *prep*   in spite of
malheur *m*   misfortune
mange-disques *m*   portable record player

manichéen *adj*   Manichean (sharply contrasting)
manquer   to lack, need
maquillage *m*   make-up
marche *f*   step (of a stairway)
marché *m*   market
marin *m*   sailor
marrant *adj*   funny, amusing
materner   to mother
méchamment, *adv*   nastily
méfiant *adj*   suspicious
meilleur *adj*   better
menace *f*   danger, threat
ménage *m*   household, family **faire le** _____ to do housework, to clean the house
ménager *adj*   household, family
mensonge *m*   lie
mentir   to lie
menton *m*   chin
messe *f*   Mass
métier *m*   trade
métro *m*   subway
mettre   to put _____ **en boîte** to tease **se** _____ **à** to begin _____ **la table** to set the table
meubles *m*   furniture
miettes *f*   little pieces, crumbs
mil *m*   millet
milieu *m*   middle
mille *adj*   thousand
milliard *m*   billion
mise *f*   1. down-payment 2. placement
mobilier *m*   furnishings
mollesse *f*   weakness
mœurs *m*   customs
moindre *pron*   least
moitié *m*   half
montant *m*   total
montée *f*   rise
monter   to rise
morsure *f*   bite

mort (e) *pp*   dead
mot *m*   word
(se) moucher   to blow the nose
moulin *m*   windmill
mourir   to die **(se)** _____ to be dying
moyen *m*   means
moyenne *f*   average
(se) muer   to move
muet (te) *adj*   mute
mugissement *m*   roar
mûr *adj*   ripe, ready

naissance *f*   birth **prendre** _____ to be born, to arise (a plan or idea)
naître   to be born (a person)
ne...que   only
net (te) *adj*   sharp
nettement *adv*   clearly
nettoyeur *m*   sweeper
névrose *f*   neurosis
nez *m*   nose
n'importe   no matter
niveau *m*   level
non plus *adv*   neither
nouée *pp*   laced, knotted
nourrice *m* or *f*   baby nurse
noyau *m*   nucleus
noyer   to drown
nuage *m*   cloud

œil *m*   eye
oiseau *m*   bird
ombre *m*   shadow
or *m*   gold **d'** _____ *adj* golden
ordurier *adj*   vulgar
orgueilleux (euse) *adj*   proud
oser   to dare
oublier   to forget
ouvrier *m*   worker

paix *f*   peace
pancarte *f*   sign

par ailleurs *adv*   another way
paraître   to appear
parcourir   to ramble through
pareil (le) *adj*   similar
paresse *f*   laziness
parfois *adv*   sometimes
parier   to bet
parole *f*   word
partage *m*   sharing
partager   to share
pas mal de *adv pron*   much, many
(se) passer   to happen
patron *m*   boss, owner
paysage *m*   countryside
peau *f*   skin
pêche *f*   peach
pécher   to sin
pécheur *m*   sinner
peindre   to paint
peine *f*   trouble **Ce n'est plus la** _____
    It's no longer worthwhile.
peinture *f*   painting
pèlerinage *m*   pilgrimage
(se) pencher   to bend over
pénible *adj*   miserable
péniche *f*   barge
personne...ne   no one
peste *f*   plague
petit matin *m*   early morning
petite annonce *f*   classified ad
peupler   to people
phoque *m*   seal
piégé *adj*   trapped
pierre *f*   stone
piéton *m*   pedestrian
piler   to pound
place *f*   square
plaisanterie *f*   joke
plage *f*   beach
(se) plaindre de   to complain
plaque *f*   badge
plat *adj*   flat

pleurer   to weep
plier   to bend, to fold
pluie *f*   rain
(la) plupart (des) *pron*   majority
(Il n'y a) plus personne   There is no
    longer anyone
plutôt *adv*   rather
poche *f*   pocket
poids *m*   weight
poindre   to come up
pont *m*   bridge
portée *f*   reach
porte-monnaie *m*   wallet
porter   to carry
poser   to place
poste *m*   TV set
poubelle *f*   garbage can
pouce *m*   thumb
poulet *m*   chicken
pouponner   to coddle, to indulge (a
    child)
pourtant *conj*   however
pousser   1. to grow (grass) 2. to utter (a
    cry)
poussière *f*   dust
pouvoir   to be able
préalablement *adv*   previously
préconiser   to advocate
prendre   to take
préposé *m*   official
pressé *adj*   urgent, in a hurry
prêt *adj*   ready; *n.m.* loan
prétendre   to claim
prévenir   to warn
prière *f*   prayer
procédé *f*   procedure
prochain *adj*   next
proche *n or adj*   people in close
    relationships; close
projeter   to plan on
propre *adj*   own
provisoirement *adv*   temporarily

puis *adv*   then
puissance *f*   power
puits *m*   well

quant à *prep*   as for
quartier *m*   neighborhood
quête *f*   quest
quinquagénaire *m*   a 50-year old
quitte à *conj*   even if
quotidien *adj*   daily

(se) rabattre   to fall back on
raccrocher   to hang up
racine *f*   root
ralentir   to slow down
rapport *m*   earnings (money won)
rapporter   to bring back
rapprochement *m*   relationship
raser   to shave
rater   to miss, fail at
reconnaître   to recognize
rédacteur *m*   editor
rédiger   to write up
réduire   to reduce
règle *f*   rule
règlement *m*   rule
régler   to settle
régner   to reign
reine *f*   queen
reluquer   to eye
(se) rendormir   to fall back to sleep
(se) rendre   to go _____ **compte** to
   realize **rendre plaisant** to make pleasant
renouer avec   to return to
répartir   to disperse, to allocate
replier   to fold up
réplique *f*   reply
reprendre   to start again, answer
reprise *f*   re-opening
réprobateur *adj*   reproachful
ressentir   to feel
rétorquer   to reply

retraite *f*   retirement
retraité *adj* or *n*   retired (person)
réussite *f*   success
revanche *f*   revenge **en** _____ on the
   other hand
réveil *m*   awakening
réveiller   to awaken
rire   to laugh
rive *f*   shore, bank
roi *m*   king
roman *m*   novel
ronde *f*   a round (dance)
rougir   to redden
rouler   to roll
rude *adj*   rugged
rue *f*   street
ruissellement *m*   rustling (sound)
rumeur *f*   clamor

sable *m*   sand
sac de couchage *m*   sleeping bag
sagesse *f*   wisdom
sain *adj*   healthy
salir   to dirty
saluer   to greet
sang *m*   blood
sauf *prep*   except
sauter   to jump
savoir   to know
savoir-vivre *m*   etiquette
savon *m*   soap
secouer   to shake
séduit *pp*   seduced
selon que *conj*   according to
semblable *adj* or *n*   alike; someone alike
sens *m*   direction
sensible *adj*   sensitive
serrer   to squeeze
seuil *m*   threshold
seulement *adv*   only
siège *m*   seat
(le) sien *pron*   his, hers, one's

sifflotement *m*   whistling
sinon *conj*   if not, except
soi *pron*   oneself
soie *f*   silk
soin *m*   care
soit... soit *conj*   either... or
sol *m*   ground
son *m*   sound
sondage *m*   poll
sonné(e) *pp*   spoken
souci *m*   care
souffler   to breathe
souhaiter   to wish
soulagement *m*   relief
souligner   to underscore, stress
sourd *adj*   deaf
souriant *adj*   smiling
sourire *m*   smile
souscrit(e) *pp*   subscribed
(se) souvenir de   to remember
souvent *adv*   often
statut *m*   status
subir   to undergo
subitement *adv*   suddenly
suite *f*   continuation
suivant *prep*   according to
suivre   to follow
supporter   to tolerate
surfait *adj*   overpriced, overrated
surgelé *adj*   frozen (food)
surgir   to arise
surtout *adv*   especially
survenir   to happen
survie *f*   survival

tâche *f*   task
taché(e) *pp*   spotted, stained
(se) taire   to shut up
taille *f*   size
tant *pron*   so much ____ **que** *conj* as long as
tapis *m*   carpet (or canvas)

tard *adv*   late
tas *m*   heap
taupe *f*   mole
tel *adj*   such a **telle que** *conj* (such) as
témoigner (de)   to witness to
tenir   to hold ____ **à** to stem from, insist on ____ **compte de** to take into account
tenter   to try
terme *m*   end (of a time period)
terre *f*   ground
tétine *f* **(gavé à la)**   breast-fed
tiers *m*   third (fraction)
timbre *m*   stamp
tirer   to draw
tôt *adv*   early, soon
tour *m*   turn
tournée *f*   round
tourner   to toss (salad) ____ **en rond** to go around in circles
tout *adj*   all, every ____ **à coup** *adv* suddenly ____ **en haut de** *prep* from the very top of
traduire   to translate
train-train *m*   hustle-bustle
traîner   to drag along
trépignement *m*   stomping
tricher   to cheat
tromper   to deceive
trop *adv* or *pron*   too much
trottoir *m*   sidewalk
trouver   to find
tuer   to kill
tutoyer   to use the *tu* form
type *m*   guy

(s') unir   to unite
usine *f*   factory

va-et-vient *m*   coming and going
vache *f*   cow
vallonné(e) *adj*   undulating

vaut   to be worth **Ça _____ mieux**
   That's better
veau *m*   calf
vécu *pp*   lived
veille *f*   the night before
veiller   to watch
vendre   to sell
vente *f*   sales, selling
venir   to come **venir de** to have just
ventre *m*   'stomach
verdoyant *adj*   green
verre *m*   glass
vers *prep*   toward
versée *pp*   deposited (set aside))
vider   to empty
vie *f*   life
vieillir   to grow old
vieillesse *f*   old age
vif (vive) *adj*   bright

vignoble *m*   vineyard
visage *m*   face
visant *prep*   aiming at
vite *adv*   quickly
vitesse *f*   speed
vitré(e) *adj*   made of glass
vivre   to live
voie *f*   way, path
voile *f*   veil, sail **à la _____** by sailboat
voire *conj*   indeed
voisin *m*   neighbor; *adj* nearby
voix *f*   voice
voler   to steal
volonté *f*   will, desire
volontiers *adv*   willingly
voyou *m*   street bum

y compris   including
yeux *pl m*   eyes

Permissions

Michèle Pigot, Extrait de *Le Savoir-Vivre*, Culture Arts Loisirs, SOFEDIS, 1969

Claude Bonjean et Betty Hania, «Les Français et la Politesse» *Le Point*, 20 juillet 1981

Claude Verrier, dessin publié dans *La Vie*, numéro 1895

Hervé Nègre, Dictionnaire des histoires drôles, Librairie Arthème Fayard, 1973

Jaeger Buntain, *Vie et Santé*, numéro 1053, 1980

France de Lagarde, «Pitié pour les timides», *La Vie* numéro 1793, janvier 1980

François Caviglioli, «Les Nuits policières de Paris», *Le Nouvel Observateur*, numéro 930; 28 août - 3 septembre 1982

Catherine Caubère, «Parlez-moi de moi», *Journal Marie-France* numéro 305, juillet 1981

Denise Gault, «À l'Aventure sur la côte», *La Vie*

Élisabeth Morel, «Pèlerinage à Taizé», *La Vie*

Jean-Claude Escaffit, «Jeunes Poètes», *La Vie*

Poèmes extraits de *Des enfants s'adressent aux enfants*, publié par l'Organisation des Nations Unies pour l'éducation, la science et la culture (UNESCO), 1981

Simone de Beauvoir, extrait de *Tous les hommes sont mortels*, Éditions Gallimard

Francis Jammes, «Il y a par la», *De l'angélus de l'aube à l'angélus de soir,* Mercure de France, 1898

Paul Guth, extrait de *Lettre ouverte aux futurs illettrés*, Éditions Albin Michel, 1982

France de Lagarde, «Histoire: Pourquoi nos enfants ne savent plus rien», *La Vie*

«Le Stress: Première maladie chez les enseignants», *Le Figaro*

Liliane Delwasse, «Les Enfants, la famille et l'argent», *Le Monde de l'Éducation*, mai 1981

Liliane Delwasse, «Petits clients, gros marché», *Le Monde de l'Éducation*, mai 1981

«Ma Femme, ma télé at moi», *La Vie*

Frédéric Musso, «Les Français et la paternité», *Parents*, numéro 124, juin 1979

Alain Cotta, «Une Génération condamnée», *Parents*, numéro 123, 1979

Marie-François Dubillon, «Les Chômeurs souffrent aussi dans leurs corps», *France-Soir*, 19 février 1982

«La Statue de la Liberté», National Park Service, U.S. Department of the Interior

Frédéric Musso, «Six Ans de vacances en famille», *Parents*, numéro 121, mars 1979

«La Wallonie: Travailler avec la mode», *L'Express*

«On les appelait les Pieds-Noirs», *L'Express*

Jean Duvignaud et Jean-Pierre Corbeau, «Les Repas et le sexisme», Extrait de *Les Tabous des Français*, Librairie Hachette, 1975

Pierre-Marie Guillon, «Logement: Louer ou acheter?», *Parents*, numéro 126, août 1979

Norbert Guterman, selections from *A Book of French Quotations*, Doubleday & Company, Inc., 1963